本書係「敦煌文獻系統性保護整理出版工程」項目成果

二〇二一—二〇三五年國家古籍工作規劃重點出版項目

「十四五」國家重點出版物出版規劃項目

國家古籍整理出版專項經費資助項目

中國國家圖書館藏敦煌文獻

中國國家圖書館 編

第六五册

BD00967～BD00975

國家圖書館出版社

DUNHUANG MANUSCRIPTS IN THE NATIONAL LIBRARY OF CHINA

065

BD00967 ~ BD00975

compiled by the

National Library of China

National Library of China Publishing House

凡例

一　本書刊布中國國家圖書館藏敦煌文獻，以館藏編號爲序編排。

二　館藏編號采用「BD+流水號」格式，如 BD00001, BD16579 等。背面在編號後加 v 表示。一個編號包含多件文獻者，編號後分別綴以字母 A, B, C 等。一件文獻含有多個內容者，以數字 -1, -2, -3 等標明順序。

三　圖版有縮印或放大處另加説明，尺寸超出本書幅面的以摺葉形式呈現。

四　卷軸裝、梵夾裝、經摺裝等裝幀形制的敦煌文獻，各附外觀圖像。

五　每件文獻依次呈現外觀、正面、背面等。背面僅刊布有文字、圖像或其他要素的圖版，而略去素紙部分，背面圖版同樣以從右到左順序編排。凡有外題者，遵從以上原則。

六　除個別特殊情况外，爲保證閱讀連貫、流暢，圖版儘量通欄呈現。

七　各葉上方附該件文獻全圖，以高亮形式顯示本葉大圖在全卷中的位置。部分長卷文獻全圖衹能分多段呈現時，在上段末以符標示下段接續。卷尾内容不足一葉時，文獻全圖使用該圖卷尾部分，亦以符標示。背面圖版文字與正面文字方向相反時，文獻全圖按原貌顯示，正文翻轉呈現，以便閱讀研究，用符標示。

八　文獻題名大體沿用中國國家圖書館此前所編多部敦煌文獻目録的考證，部分吸收學界最新研究成果略作調整和完善。文獻題名綜合參考原卷首題、尾題、外題確定，如原卷題名與該文獻正式名稱不同，則采用正式名稱；無題名者，或比定題名，或擬定新名。非漢文文獻在題名前標注語種。有分卷不同等其他情况者，括注於文獻名稱後。

九　本書著録使用通行繁體字，涉及原文中的人名、地名等，必要時保留原字形。

About this publication

1. The documents are presented in shelfmark order.
2. The shelfmarks are in the form BD plus a running number, eg. BD00001, BD16579, &c. If a given shelfmark contains multiple documents, these are distinguished by the letters A, B, C, &c. If a document has multiple contents, they are distinguished by the numbering 1, 2, 3, &c. The verso side of an item is indicated by the letter v.
3. If it has been necessary to reduce or enlarge the size of an illustration, the dimensions are indicated. If the size of an illustration exceeds the size of the book, a folding sheet is used.
4. If the document is a scroll, a folded sutra, or has a stitched binding, a picture of the whole object is provided to show its external appearance.
5. The cover, front, and back of each document are reproduced in sequence. The back of a document is only reproduced if it contains text, illustrations, or other markings, and it is oriented from right to left. If it is blank it is not reproduced.
6. Except in a few special cases, the lines of text are reproduced unbroken to make them coherent and easier to read.
7. An illustration of the complete document is reproduced at the top of each page, and the section where the main illustration appears is highlighted in order to indicate its position. If it has only been possible to reproduce a long scroll in sections, the direction symbol has been used to indicate where one illustration ends and the next one begins. If the end of the scroll occupies less than one page, the direction symbol is used to indicate its position in the illustration of the complete document. If the text on the back of the document has a different orientation from the text on the front, it is reproduced as it is, but is also rotated (indicated with the rotation symbol) so that it can be read easily.
8. The titles of the documents generally conform with those already established by the Library, but in some cases have been amended by drawing on the most recent scholarly research. The titles are derived firstly from the beginning of the text, then from the end of the text, and lastly from the cover. If the title of a document differs from its authoritative form, the authoritative form is used; and if a document has no title, one is either supplied by comparison with similar documents, or a new one is devised. If the document is not in Chinese, its language is indicated before the title. If the number of juan is different from that of the authoritative version, or if there are other irregularities, this is noted.
9. The documents in the book are in traditional Chinese characters. Where the title contains personal or place names, the original characters used for these names are retained.

(Translated by David Helliwell)

第六五册目録

BD00967

彌勒下生成佛經

（後秦）鳩摩羅什 譯

220cm × 25.5cm

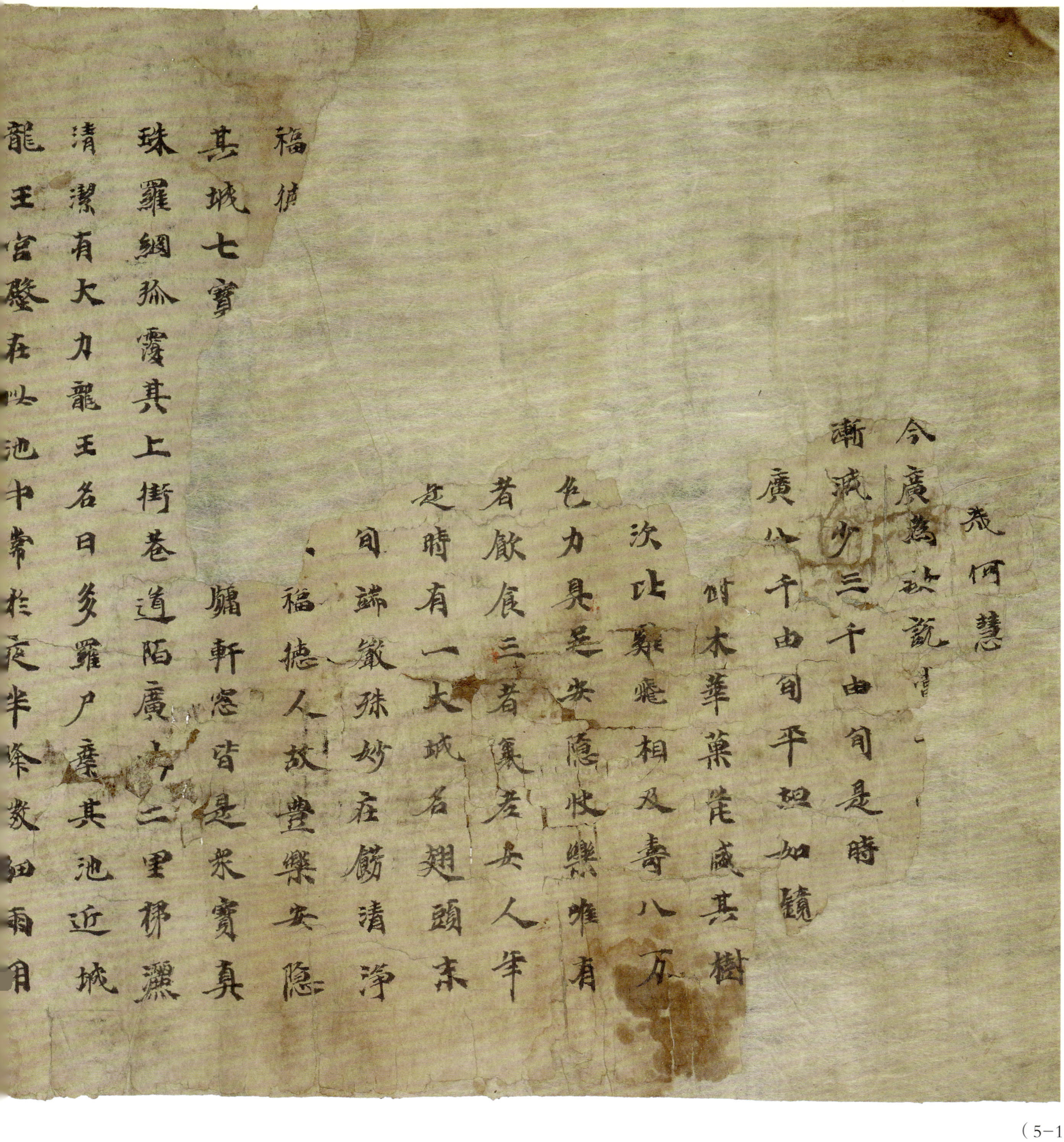

我何慧
今廣爲汝說言
漸減少三千由旬是時
廣八千由旬平坦如鏡
時木華菓茂盛其樹
次比雞飛相及壽八万
色力具足安隱快樂唯有
者飲食三者衰老女人年
足時有一大城名翅頭末
旬端嚴殊妙莊嚴清淨
福德 、福德人故豐樂安隱
其城七寶 牖軒窓皆是衆寶真
珠羅網彌覆其上街巷道陌廣十二里掃灑
清潔有大力龍王名曰多羅尸棄其池近城
龍王宮殿在此池中常於夜半降微細雨用

奄塵土其池潤澤譬如油塗行人往来无有
坌塵時世人民福德所致巷陌處〻有明珠
柱皆高十里其光照耀晝夜无異燈燭之明
為不復用城邑舍宅及諸里巷乃至无有細
微土塊純以金沙覆地處〻皆有金銀之聚
有大夜叉神名跋陀波羅賒塞迦(秦言善教)常護此
城掃除清淨若有便利不淨地裂受之受已
還合人命將終自然行詣冢間而死時世安
樂无有怨賊劫竊之患城邑聚落无有閉門
者亦无衰惱水火刀兵及諸飢饉毒害之難
人常慈心恭敬和順調伏諸根語言謙遜舍
利弗我今為汝略說彼國界城邑富樂之事
其諸薗林池泉之中自然而有八功德水青
紅赤白雜色蓮華遍覆其上其地四邊四寶
階道衆鳥和集鵝鴨鴛鴦孔雀翡翠鸚鵡舍
利鳩那羅耆〻婆〻等諸妙音鳥常在其中

階道衆鳥和集鵝鴨鴛鴦孔雀翡翠鸚鵡舍
利鳩那羅耆々婆々等諸妙音鳥常在其中
復有異類妙音之鳥不可稱數菓樹香樹充
滿國内尒時閻浮提中常有好香譬如香山
流水美好味咄　患雨澤隨時穀稼滋茂不
生草穢一種七穫用功甚少所收甚多食之
香美氣力充實其國尒時有轉輪王名曰儴
佉有四種兵不以威力治四天下其王千子
勇健多力能破怨敵王有七寶金輪寶象寶
馬寶珠寶女寶主藏寶主兵寶又其國土有
七寶臺舉高千丈千頭千輪廣大十丈又有
四大藏一々大藏各有四億小藏圍遶伊勒
鉢大藏在乾陀羅國般軸迦大藏在弥提羅
國賓伽羅大藏在須羅吒國儴佉大藏在婆
柰國此四大藏縱廣千由旬滿中珎寶各有
四億小藏附之有四大龍各自守護此四

藏及諸小藏自然踊出形類蓮華无數數人
皆共往觀是時衆寶无守護者衆人見之心
不貪著棄之於地猶如瓦石草木土塊時人
見者皆生厭心亦作是念往昔衆生為此寶
故共相殘害更相偷劫欺誑妄語令生死罪
緣展轉增長翅頭末城衆寶羅網彌覆其上
寶鈴莊嚴微風吹動其聲和雅如扣鐘磬其
城中有大婆羅門主名曰妙梵婆羅門女名
曰梵摩波提彌勒託生以為父母身紫金色
卅二相衆生視之无有厭足身力无量不可
思議光明照曜无所鄣㝵日月火珠都不復
現身長千尺胷廣三十丈面長二丈四尺身
體具足端政无比成就相好如鑄金像肉眼
清淨見十由旬常光照四面百由旬日月珠火
光不復現但有佛光殊妙第一彌勒菩薩觀世
五欲致患甚多衆生沉沒在大生死甚可憐愍

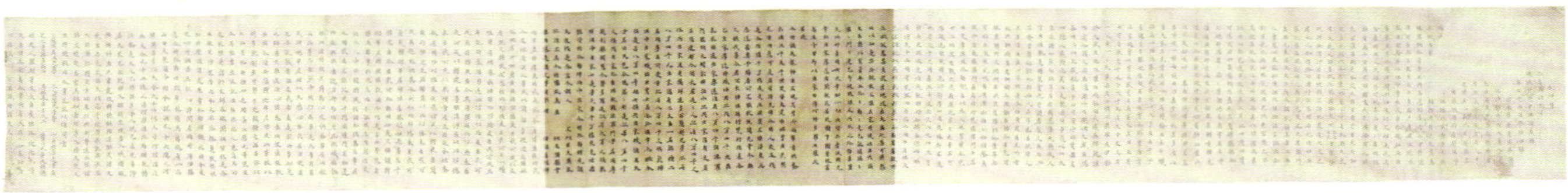

一彌勒菩薩觀世
五欲致患甚多衆生沈沒在大生死甚可憐愍
曰以如是正念觀故不樂在家時壞法王共諸
大臣持此寶臺奉上彌〻勒〻受已施諸婆〻
羅〻門〻受已即便毀壞各共分之彌勒菩薩
見此妙臺須臾无常知一切法皆悉磨滅脩无
常相出家學道坐於龍花菩提樹下樹莖枝葉
高五十里即以出家日得阿耨多羅三藐三
菩提
尒時諸天龍神王不現其身而雨華香供養
於佛三千大千世界皆大震動佛身出光照
无量國應可度者皆得見佛尒時人民各作
是念雖復千万億歲受五欲樂不能得免三
惡道苦妻子財產所不能救世間无常命難
久保我等今者宜於佛法脩行梵行作是念
已出家學道時穰佉王亦共八万四千大臣

恭敬圍遶出家學道復有八万四千諸婆羅
門聰明大智於佛法中亦共出家復有長者
名須達那今須長者是亦与八万四千人
俱共出家復有梨師達多富蘭那兄弟亦与
八万四千人出家復有二大臣一名旃檀二
名須曼王所愛重亦与八万四千人俱於佛
法中出家蠰佉王寶女名舍彌婆帝今毗舍
佉是亦与八万四千婇女俱共出家蠰佉王太
子名曰天色今提婆々那是亦与八万四千
人俱共出家彌勒佛親族婆羅門子名須摩
提利根智慧今鬱多羅是亦与六万人俱於
佛法中出家如是等无量千万億衆見世苦
惱皆於彌勒佛法中出家尒時彌勒佛見諸
大衆作是念言今諸人　不以生天樂故
亦復不為今世樂故來至　但為涅槃常

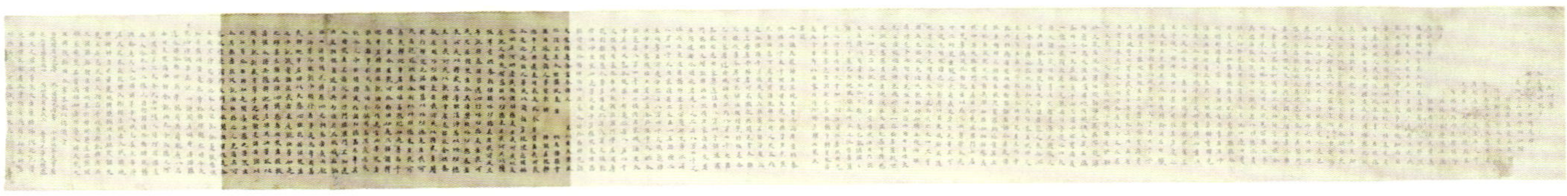

[illegible]
亦復不為今世樂故來至　但為涅槃常
樂因緣是諸人等皆於佛　種諸善根釋
迦牟尼佛遺來付我是故今者皆至我所我
今受之是諸人等或以讀誦方便決定脩妬
路毗尼阿毗曇藏脩諸功德來至我所或以衣
食施人持戒智慧脩此功德來至我所或以幢
幡華香供養於佛脩此功德來至我所或為
布施持齋脩習道心行此功德來至我所
或為苦惱眾生令其得樂脩此功德來至
我所或以持戒忍辱脩清淨慈以此功德
來至我所或以施僧常食齋講設會供養
飲食脩此功德來至我所或以持戒多聞
脩行禪定无漏智慧以此功德來至我所
或有起塔供養舍利以此功德來至我所
善哉釋迦牟尼佛能善教化如是等百千

億眾生令至我所彌勒佛如是三稱讚釋
迦牟尼佛然後說法而作是言汝等眾生
能為難事於彼惡世貪欲瞋恚愚癡迷惑
短命人中能脩持戒作諸功德甚為希有
爾時眾生不識父母沙門婆羅門不知道
法互相惱害近刀兵劫深著五欲嫉妬諂
佞曲濁邪偽无憐愍心更相殺害食肉飲
血汝等能於中脩行善事是為希有善
哉釋迦牟尼佛以大悲心能於苦惱眾生
之中說誠實語示我當來度脫汝等如是
之師甚為難遇深心憐愍惡世眾生救拔
苦惱令得安隱釋迦牟尼佛為汝等故以
頭布施割截耳鼻手足支體受諸苦惱以
利汝等彌勒佛如是開導安慰无量眾生
令其歡喜然後說法福德之人充滿其所
恭敬信受渴仰大師各欲聞法皆作是念

令其歡喜然後說法稱揚之人爲說其而
恭敬信受渴仰大師各欲聞法皆作是念
五欲不淨衆苦之本又能除捨憂慼愁恨
知苦樂法皆是无常彌勒佛觀察時會大
衆心淨調柔爲說　四諦聞者同時得涅槃
道尒時彌勒佛於華林薗其薗縱廣一百
由旬大衆滿中初會說法九十六億人阿
羅漢果第二大會九十四億人得阿羅漢道
三大會九十二億人得阿羅漢彌勒佛旣轉
法輪度天人已將諸弟子入城乞食无量淨
居天衆恭敬從佛入翅頭末城當入城時現
種種神力无量變現釋提桓因與欲界諸天
梵王與色界諸天作百千伎樂歌詠佛德雨
天諸華旃檀末香供養於佛街巷道陌竪諸
幡蓋燒衆名香其烟如雲世尊入時大梵天
王釋提桓因合掌恭敬以偈讚言

正遍知者二足尊　天人世間无与等　十力世尊甚希有
无上最勝良福田　其供養者生天上　稽首无量大精進
時天人羅剎等見大力魔佛降伏之无量
衆生皆大歡喜合掌唱言其有ゝ如來神力
功德具ゝ可思議時諸天人ゝ

BD00968 妙法蓮華經玄贊卷二

（唐）窺基 撰

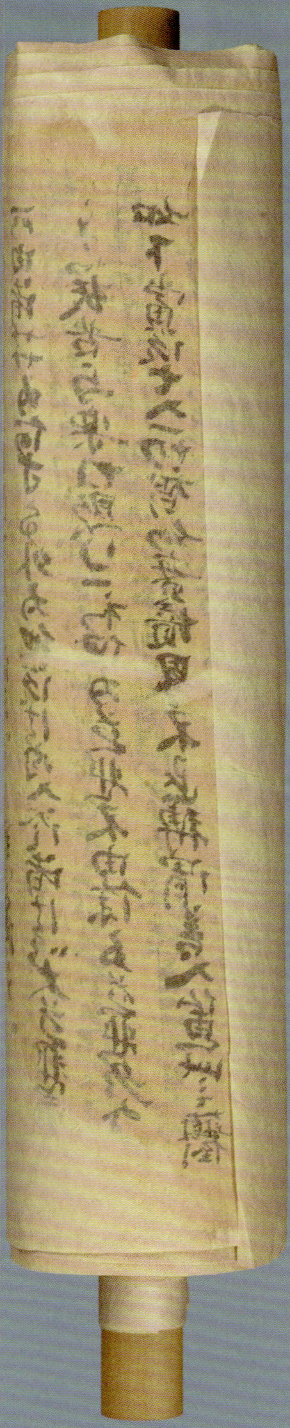

2088.2cm × 28cm

弟八地上
菩薩於何位及所得說今當了人
經以慈悲備乎上至到於彼岸　贊曰此中至
入彼彼法不退轉謂以慈悲　論云以大慈悲為備等
所由諸菩薩內何等為外為他說法內入說諸法以大慈悲等
之以救苦與樂為攝以二利但為慈悲不由煩惱為菩薩身
如下當說七入一切智如實境界不退轉謂善入住此三覆
意云入如實境界之一切智不退轉得入觀照智與下九別
若依論文便无異也　依我空法空不退轉由達大智悲二
我无智无入如實境界不退轉到於彼岸如實性故
經名稱普聞至百千衆生　贊曰此有二句合為一句　大意作所
作住持不退轉名稱普聞无量世界以能住持佛法令其不

攝衆生以爲同伴處無義百千衆生故名無所作所作
菩薩所應作謂利衆生者故上來上文下文以下明攝取分論云
二釋論攝取事門者攝取諸功德分初勸釋云示現諸菩薩住何
等清淨地中因何等方便何等境界中應作一所作故此爲總
標攝論下餘釋十三句中分之爲三一示無上正等正覺不退轉句
是住何等清淨地中次五十句是因何等方便後之二句是何
等境界中應作一所作故論隨釋中唯解初二句標不釋後三句
何等境界中應作一所作地清淨者謂地已上三地無相寂靜
清淨故此中以無相理名無上正等正覺故後三地皆於無相
以任運寂靜離障清淨名不退轉非諸聲聞緣覺等之所
退轉故事二句因何等方便者有四種一攝取妙法方便住持
妙法以樂說力爲人說故此攝事二句住持妙法者皆得陀羅
尼由得聞持任持法故令不捨離住自在心持釋之不云故名住
持以樂說力者樂說無礙故爲人說者轉不退轉法輪爲人說

持以樂說力者樂說無等故為人說者轉不退轉法輪為人說
此不退輪故二攝攝善知識方便以依善知識作所意作故此攝
三句以依善知識者供養无量百千諸佛作所意作者於諸
佛所植眾德本德本以善根是所意作故由此常為諸佛之所稱
歎三攝攝眾生方便以不捨眾生故此攝一句以慈修身由以
大慈悲重習等故於不捨一切眾生常於救度四攝乃智方
便以教化眾生令入彼智故此攝三句善入佛慧通達大智到於
彼岸由自有三智能令眾生攝攝此三智故自成三智者是諸
眾生攝攝此三智之因稱智知如實自利智如次智是知事
智利他智也後智是真理智知實性也論中唯解此稱攝二
句不釋何等境界中作所意作此攝三句名稱普聞无量世
界是何等境界能度无數百千萬眾生是所意作由菩薩具
三智等故名聞遠振十方世界能於此无量世界實界中教

百千衆生作一〻世作度衆生者是諸菩薩之一〻世作故此科攝
說第二復次云復如攝下第二以不現諸地攝〻下勝功德不同
二示功德故此二句為總標下自別釋二句者一示現諸地攝〻
勝功德不同二示功德於十三句中初四句是示現諸地後九句是
攝〻下勝功德初四句示現諸地有得於无上菩提不退轉一句是
第八地故次二句是第九地次一句是第十地故論下釋示現諸地
云八地无功用智不同下上故不同下者下功用以不能動故不
同上者上无功以不能動故自然而以故上者勝以无功以也
下者下有以功用以唯識釋不動地云功用故恐不能動故此
論解不退轉謂功用不動无相以不動任運進修六之有雙
證不為二動故名不退轉於九地中得勝進位唯在以具足
四无导解自在故九地得以稱才滿名為勝進具足七四辯
才為他說法前第二地得以稱猶未圓滿今說滿位於第
十地轉不退轉法輪得〻文仏位如轉輪王子〻八九十地得灌

十地轉不退轉法輪得之文佛位如轉輪王子以九十地得同灌
諸地故論自解五下之九句名攝一切功德上之三地皆同得之
釋本二攝 · 以勝功德者 · 示現依何受依何心依何智依何等境
界以依何等境界以依何等殊勝故此之五句論為初標下
自別釋依何受攝三句供養無量百千諸佛於諸佛所植眾
德本常為諸佛之所稱歎論云依善知識受所故依何心者
攝一句以慈悲備 · 下論云我依眾生度生以教化畢竟利益一切眾生
諸菩薩所作皆云我以度眾生為心故云我依眾生心由畢竟故
利益一切諸眾生故依何智者攝三句善入佛慧通達大智到
於彼岸論云依三種智一根從密智為眾生說法密義智
說者說別解釋之義即佛惠也二者諸通智以大神通利益眾
生智即通達大智三真實智證真如智即到於彼彼之岸之
即真理故能到者智證證之義依何等境界以者名稱普
聞無量世界一句也者世界為二一器二眾生此是菩薩

所以之境界依何等能解者能度无數百千衆生菩薩以三無等依
界中能解何等多聞能度衆生理合別配後之三句論乃解
云依何等境界以依何等能解者謂三種智攝忍智者文
意謂以三智於世界境中能解於衆生多用故三種智攝
此翻意顯不能具顯其意必尓　經其名曰意得大勢菩薩
贊曰下列名爲二初列後結合有十八菩薩〻〻所〻以爲名〻爲七
對此中初三救苦與樂對曼殊室利五妙音律與衆生樂是比
方常喜世界歡喜藏摩尼寶積佛同名能滅四重等罪文
云過去爲龍種上尊王佛當來亦〻成佛花嚴經說在此清
涼五臺山與一萬菩薩俱阿縛盧枳低濕伐羅耶云觀自在觀三
世業歸依而救衆苦故云觀〻音〻授記經云阿彌陀佛滅度
後次當作佛名普光功德山王佛此佛滅後大勢至菩薩次當作
佛名善住功德寶王佛得大勢者一切至處〻世界振動有大威
勢衆生遇者自然苦息擬大勝示爲五明二能　經常精進菩

勢眾生遇者自然苦息權大勝示為上為二利 經常精進菩
薩至不休菩薩 讚曰此二自利利他對自以此勤他利不倦 經
寶掌至菩薩 讚曰此三濟貧救疾對寶掌濟貧苦眾生
手掌中生寶藥王為藥樹王救治諸疾勇施一人通於二事
勇出財々藥々俱攝 經寶月至菩薩 讚曰此三等明破暗
對寶月能導昏昭如月一而重月光破諸癡暗猶如月光滿月於
為二事 經大力至菩薩 讚曰此二神通小大對由作神通發
業有勝皆令發意能動百千世界名大力能動無數世界名
無量力 經越三界至菩薩 讚曰此二離障進善對三界雜
染也越者離度義颰陀婆羅云賢護護守善法令不失故
經彌勒至菩薩 讚曰此三生死菩薩對彌勒姓慈心根離生死世
間寶積導師引至彼岸出世岸寶積引至菩提法寶積而與
之為大導師引至菩薩國收此二別合成七對 經如是等八萬人
俱 讚曰此結以衆云此諸菩薩无生生者无處不生故言

无生生故塞三界以无變不生故垂那含　經尔時釋提桓
因與二万天子俱　贊曰上明内護五衆下明外護大衆於中人
非人為非人中天非天為二天中欲色界為二欲界有三帝釋
二三光四王三二自在(此)称也去地居空居為二地居中帝釋四王
為二此称也梵云釋迦提婆因達羅釋迦姓也此翻為能提婆天
世因達羅帝也正云釋天帝釋提桓因云天帝釋俱訛倒也此
在妙高山頂而住卅三天之帝王也亦云憍尸迦此云蠒(兒名)在昔摩
揭陀此云无毒害即摩揭陀國(稱)通王帝釋因之受用為國
名彼國先名鼓甘露處即帝釋與阿備羅阿備羅以為讎讎
乳海時甘露鼓於地因因以為名焉帝釋往昔有卅三人人以為
同伴有善法夫人國王夫人歡喜夫人設支夫人同脩勝業
於是天中有善法堂國王指歡喜園與脩羅去設支夫人此寸因
緣以崇輪疏　經復有名月天子至万天子俱　贊曰此四王衆
三光乃是四王天屬星光以天司生風[illegible]

係衆宗標略　經曰有名月天子並万天子俱　讚曰此四王衆
三光乃是四王天攝更无別天有經觀音名寶光作日天子
又此寶光大勢至名寶吉祥作月天子又此名月光虛空藏
名寶光作星天子此名普香日宮是火精作徑五十一踰膳那日宮
水精作徑五十踰膳那星是水精作極大者十六乃至小者四俱
盧舍一俱盧舍二里餘此並空中旋繞四洲四大天王東方治
國南方增長西方廣目北方多聞居妙高之半腹有四層級住
七金山之頂三光四天之下去地四万二踰膳那量壽形衣亦殊更
說　經自在天子並三万天子俱　讚曰下空居天夜摩天覩
史天名自在天子得異妙果隨三至二今之勝下三天果依樹而
得今隨意得名為自在樂變化天他化自在天名大自在天子
不樂異熟果樂自樂他變為樂具受用之名大自在又解
他化天主自在天中四禪王名大自在天又自在天是常醉位
大自在是常醉之師若後二解无四空居前界天也　經曰娑婆

世界主三千大千俱　贊曰此色界天梵〻云此云梵名淨潔
寸行初果時身清淨娛衆苦逼惱堪耐勞倦而出三文瑜焉
為名娑婆者此世初禪大小寸於前果一四天下一千初禪始寸一
二〻禪〻為火災頂一千二禪始寸三〻禪〻為水災頂一千三禪始寸
四〻禪〻為風災頂乃是三千大千世界即是娑婆世界之主娑婆
界主大梵王即第四禪主梵摩云寂靜清淨潔淨皆得之云
梵摩此云淨唯一梵但名勝之不應戶棄者火災頂即初禪王火災
頂極光明者二禪王光元童光極光淨天王始寸於三禪王
此天般若五百七十五堪忍界主持髻梵王尸棄者頂髻持
髻梵王是堪忍界主梵王之別名光明是餘禪王　經有八龍
王至眷屬俱　贊曰下非天衆有五初龍衆此第一名喜次名
賢喜此二兄弟善應人以風不鳴條雨不破塊初能令人喜處者
性賢令〻喜故以為名娑伽羅者此云鹹海之龍和脩吉此云九頭
龍綠妙高令〻田龍之類也德叉迦者此云多舌〻有多故出由

性賢令喜故以大名法安仰須者正面……
龍繞妙高令佃龍之類也德叉迦者此云多舌舌有多故生由
者若故名多舌以阿那婆達多者此云无熱惱池之龍離
三熱惱故一非熱沙所燒二无風吹衣寶形无三妙翅鳥所食无
此三種所生熱惱名无熱惱花嚴經云大地菩薩為此池龍起大
悲云云菩薩雲覆一切衆生離苦法門而行自在於贍部洲出諸
水日夜无竭潤贍部洲諸有情類摩那斯者此云慈心花嚴
經云將降雨時先雲云七日待衆生事了然後始雨故名慈心待錯
羅者此云紅蓮花居地為名 經有四緊那羅王眷屬俱
贊曰梵云緊捺洛此云歌神緊那羅訛也四法次歌緣起
次歌六度後歌一乘去初二種歌三乘之教則後一歌一乘之理
果故名持法歌一乘教理以果如次配之隨仏所說會之法故
宜歌故如世樂音歌君德故 經有四乾闥婆王各眷屬俱
贊曰樂音五等又梵云乾闥婆是天飄轉唯此云一乙云乙音乙

名如意，意者帝等者大人愛樂，如正法花云：一名柔軟，二名和音
天子也。梵云揵達縛，此云尋香，以香作樂神。乾闥婆訛也。西域
由此呼散樂為乾闥婆，尋香氣作樂乞求，於此中有三類
一非絲竹如鼓磬之類，二是絲竹琴瑟箏之笛，三非絲竹之下者名
樂，上者名樂音；絲竹之下者名美，上者名美音，亦皆可歌
神音曲以諸音樂。經有四阿脩羅王千眷屬俱。讚曰：梵云
阿素洛，此云非天。素洛者天之異名，阿之言非。以多諂詐无天行故，
名曰非天。如人不仁，亦名非人。瑜伽佛地論說為天趣攝，雜心覺
趣。正法念經說是鬼畜趣，伽陀經說鬼畜天三有。五羅睺阿脩
羅是師子之兒，畜生所攝。今依大乘瑜伽為正。此有五極，極弱
者在人間山林地中住，即今西方山中有大深窟，多是非天宮。
以下四數，十地經說：二妙高山北大海之下二萬一千由旬，有羅睺
宮。三次下二萬一千由旬，有勇健宮。四次下二萬一千由旬，有花鬘
宮。五次下二萬一千由旬，有毗摩質多羅宮。准此，已上八萬四千除初

宮[illegible]次下[illegible]萬[illegible]由旬名[illegible]
宮五次下二万一千由旬名毗摩質多羅宮准此已上八万四千[illegible]
須彌矣。与起世經相違彼說須彌東西十六万千由旬外名毗
摩質多羅宮縱廣八万由旬七重城牆是別衆說一一度先失
羅睺此云執日非天与天鬪時四天王天先与其戰月天子
放盛光明射非天眼此為非天前鋒以手執日當蔽其光
故云執日今為第四毗摩合稱列婆稚者舊云被縛非天前軍
為天所縛正定云跋稚羅迦此云團圓以蓮花生以椽是當
勇健次執日後与天鬪時名為勇健方好狀從縛義此非稱結
羅騫馱者佉騫陀皆是古人譯狀平聲呼佉羅騫馱者古
云廣肩膊頭白更大次勇健後有花鬘是梵名毗摩質
怛利此云綺畫以文具甚[illegible]寶飾用對其形云毗摩質多
羅此也此為天帝之婦舍支之父說此因緣名等輪跡
經前加護羅王云眷屬偈 賛曰梵云揭路荼此云妙翅鳥

羽毛如金不唯金故舊云迦提羅翅為金翅名皆訛略也增一
含說佛告諸比丘有四生妙翅鳥謂卵胎濕化有四生龍亦卵
胎濕化比丘當知若卵生鳥欲食龍時上鐵叉樹自投於海是時
此鳥以翅搧水令兩闢分兩邊取卵生龍出而食之設欲取胎生龍
求鳥身即死三如是胎生鳥唯食胎卵生龍濕生鳥食卵胎濕三生龍
於化生龍設欲食者鳥便死三化生鳥能食四生龍設使龍身
而事佛者是妙翅鳥不能食噉所以者何如來恒行慈悲喜捨
四等之心是四等心有大筋力之大勇猛不可阻壞故妙翅鳥
不能食之故諸比丘常行四等之心今此第五四生鳥王之天
威德者諸龍怖故威德底廣大〻〻兩翅相去三百三十六萬里
大滿腹恒食飽如意頸下有珠　經韋提希子等眷屬俱
贊曰此人王衆佛住此王城說故偏舉等也梵云吠題呬弗
多言云思惟子今云吠題是勝義題呬云身東毗提訶之名
彼毗提訶身中生此吠提呬是女身中生此是山名又是彼

[illegible]
彼毗提訶男聲中呼此吠提　四是女聲中呼此是山名久是彼
山中神名從彼乞得因以為名毗提訶梵云勿杜多没咄
路此云未生怨阿闍世訛也未生已前已結怨故立名折指由也
達羅葉問不來往懺悔已後猶墮拍毬地獄後得獨覺果卅
卅往五闍王不遇耆婆來月七日當墮地獄問大來往懺悔已
後不墮地獄又有往王懺悔已後得柔順忍以無根信故云韋提
希子阿闍世王與卅卅往寸具陳其事　往者一孔仙足退坐一面
贊曰列眾中事一明蕃重儀軌故措除為孔仙足方三交正法退
坐一面　往爾時世尊告蕃著讚歎　贊曰眾成就中文分為三
上來列眾此明佛一切威儀備解眾成就中之四上已解三此為第四
眾眷者云魔梵沙門婆羅門此說色界一天人中上首故
疑師云一剎那聞眾在座數然三昔為眾作鸞子勾除勤三清
是三寶攝眾重未教悟解四結緣眾對未悟解結後因緣又有

四衆眷屬以十五人為首義然四後文又稱四
衆比丘比丘尼優婆塞優婆夷為四周迴曰圍此處稱遶
財以為供有攝資名養隨崇曰恭崇仰曰敬上古曰尊宗
曰重是之理談美曰讚觸事而論名歎論解有四一衆圍遶二
前後三供養恭敬四尊重讚歎論曰經同此經中尊前後
義今准要言爾時世尊為諸四衆之所圍遶供養恭敬尊
重讚歎文方具足其前後者名見佛對其前後為之說法
以面向為前所不向為後皇一一人皆有前後不以學更為前後
經為諸菩薩佛所護念　　贊曰此下第三如來
欲說法時先說此經有三義一依人先為菩薩說大乘經名無量
義後為聲聞方說一乘二依法先以一乘加教理化根熟菩薩後
以二乘自利以果方化物根迴心聲聞三依法先後說法體後談用
故先說法花之前先說無量義名為時至大乘經者此是
通句除是別句十二門論云義名大乘一生二乘二依是大此宗

然後說法花已前先說无量義名為時是大乘經者此是
通句餘是别句十二門論何義名大乘一出二乘二佛乘大此等
於是三佛之所乘四能滅大苦与大利樂五觀音等大士所乘
六能盡諸法源底攝大乘云五乘之大故名大乘與方門是者乘
大性故名大乘此真如是之乘更戴義大者金剛般若論說
七種大名雖少别義與對法中七同對法云即此乘性由與
七種大性共相應故名為大乘一境大性以菩薩藏百千教為所
緣故彼名法大二行大性具二利故彼名心大三智大性了二
无我故彼名信解大四精進大性三大阿僧企耶修習百千難
行行故彼名淨心大五方便善巧大性由具智悲不住生死及
涅槃故彼名資粮大六證得大性成就力无所畏等諸功
德故彼名果報大七業大性窮生死際盡佛事故名為大乘
彼名時大乘乘體根本即真如理是无相故与勝鬘同彼鬘
經云一乘即大乘大乘即佛性佛性即菩薩乘乘道一乃即一乘亦天七大性

體通有文於上一乘章當具顯示此爲總句名無量義等十三
句是一所說大乘經別名此法花中唯有一句論釋經有十七名此
合論文意云爲諸菩薩說大乘經名無量義最勝經典大乘
方廣教菩薩法佛所護念諸佛秘法藏祕密處能生諸佛道
場法輪堅固舍利善巧方便宣說一乘第一義住妙法蓮花
最上法門論云一無量義者成就字義故以此法門說彼云
緣妙境界法故緣妙境界是佛無勝之境界能詮教說彼義故
教無量由此字教文所詮義皆名無量義經云以諸衆生性欲無量
故此所說法無量法無量故義無量無量義者從一法生其一法
者即是無相如是無相無相不相無相不相名爲實相菩薩摩訶
薩安住如是真實相已所發慈悲明諦不虛於衆生所真
能拔苦苦既拔已復爲說法令諸衆生受於快樂善男子菩薩
若能如是修一法門無量義者必得疾成無上菩提善男子
譬如一種子生百百生千千生萬萬中一一復生百千萬數如是展轉乃

譬如一種子生百百生千千生萬萬中一一復生百千萬數如是展轉乃
至無量此經典者亦復如是從於一法生百千義百千義中一一復
生百千萬數如是展轉乃至無量無邊之義是故此經名
無量義論不唯尔而生有理名為無量無量之體乃真智境
體能成就成就彼空義故三六部脉經典此於三藏中六部脉也藏
故三大乘方廣無量大乘法門通大乘衆生根栽之法此經
具有任持成就故四教菩薩法為化根熟菩薩隨彼法器方能
成就未化二乘等故五仏所護念仏依有此依經無故六諸仏
秘法此法甚深唯仏與仏乃知秘是藏義故七諸仏德藏諸仏功
德禪定之藏在此經故八諸仏菩提若根未熟非法器
故不與之九能生諸仏門此法門能成根化之菩提故十諸
仏道場此法能成無上菩提非餘經故能顯諸仏法之智故
十一諸仏法輪破諸障故十二堅固舍利三仏如來功德法身堅
具有而未施故十三諸仏方便依此法門成仏已亦為衆生

說人天等五乘之法因仏智慧以方便故十四宣說為五乘
如如來無上菩提究竟覺之體三乘非究竟覺故不名第一義又
此法門即是如來法法不究竟覺住受故仏之法不名第一義此
法身住處名第一義處十六妙法蓮花論有二種出泥水義
以所詮義名花二花開義以能詮教名花謂於如來內含
如來如出水有二義一出水不可盡出離小乘濁泥水故此談
花體故悟菩薩性離泥水法體性常故不可盡此談一乘理
性出二乘故名出水二復有義蓮花出泥水不可諸菩薩引入如來
大眾中坐如諸菩薩坐蓮花上聞說無上智[慧]清淨境界從如
來密藏此坐之說諸菩薩坐蓮花上聞說無上智慧境界能
從如來如來密藏聲聞迴心已上得入大眾中坐亦如菩薩
於蓮花開說[智]慧境[界]亦從如來密藏而解菩薩故悟體生此解深悟
後時開生死以教理化諸菩薩傍化二乘故作此說花開義者爾
生於大乘中起懸崖想心怯弱故不能生信開示如來清淨

復時用之已以義取作說若不作之乘故作此說稍漸教者
生於大乘中起懸崖想心怯弱故不能生信聞不如來清淨
法身令生淨信十七節上法門攝成就故攝成就者攝於無量
名句字等頻婆羅門要等偈故此爲根本攝諸一切名
句字義故名爲六種勝此乃六種詮是諸能詮六種上法之門能
詮之是諸能所詮法之門由攝一切名句字等故頻婆羅是小乘
五十二數中第十八數乃阿婆羅第廿數此是諸大乘經數偈
頌數此皆能攝故名法門又是廿十億萬偈論云十七句中此是
趣句諸是別句此經但有三無量義皆同勝故二者廿諸化
根熟故三佛所護念依佛有故三義皆勝故偏說之問其無量
義經第十六名妙法蓮花今說無量義經竟入無量義
處三昧從三昧起方說此經名妙法蓮花二名何別答曰五
解一云蓮花有二時得名以蓮花未出水時植能出水故名
蓮花彼經名亦說彼智惠之植能出於水植能剖敷時於果

化二乘趣一乘故今〻者此經正化彼入大乘之位起出二乘如蓮
花生水已上名蓮花彼經正名无量義傍名妙法蓮花正通
菩薩傍令〻聲聞〻之法解不思議法後方化入此經正名妙法蓮
花已上所傍名无量義正化聲聞入一乘故時位有殊體性无
二故將說此經先入无量義處三昧三〻无量義經名法花与
此名體无二彼時以唯教菩薩來之三乘趣一乘故說教理一所依真
如妙理正名无量義傍名妙法蓮花此時化彼二乘作一乘
故說能依〻果正名妙法蓮花如生水故傍〻所名无量義
世三〻五彼攝智惠體〻名法花此約智惠功能名法花會三歸一
一故四五又依〻以教理體〻名為蓮花菩薩脩一乘之因趣一乘果故
不為說〻果一乘名為法花由但不知惡病与藥之教理故但
說教理名體果一乘名為法花由但不知為法花今此會中二乘未能惡病
与藥故不機為說教理蓮花但為彼說〻果二種名為蓮花令趣一故下經
二〻乘此實乘直至道場因〻花〻唯〻以佛之知見示悟衆生

云云此實云直至道場因々花々唯々佛之知見不悟衆生
寸果蓮花也又俗不悟入中論自解立開者无上義不者同義
悟者不知義入者々入不退轉地義故四三爲果後一因爲勝壞故
爾唯說一乘因果之名一乘故立云云彼以教理二種名爲蓮花此
經對彼二乘教理行果三之名蓮花義因圓故如故四三說云四三
義釋彼此體同後二義釋此寬彼狹由義故彼无量義經唯
以々二義名爲无量一法二義論互成就字義故字者教法義
者所詮彼无量義經云々以衆生性欲无量故法々无量法无量
故義亦无量義无量者從一法生其一法者即是无相故此經
雖稱讚理教後文多以行果名爲蓮花實體上下諸處經文
之通教理行果故後解爲善法花既亦一乘之妙唯此經生
經佛說此經已身心不動　贊曰下文有四而依說法隨順
威儀行成就住者依止安處之義此明依止安處文說法所依
威儀隨順說法之軌則此[illegible]

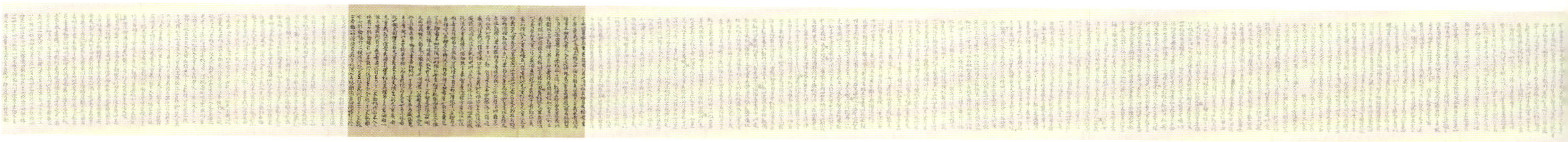

既說无量義經訖結跏趺坐表智至深理方可說法如說
般若先住特面念後起方說經坐有二相一降伏坐以右押左二
吉祥坐以右押左今將說法作吉祥坐加者重也即足重足之
坐為有跏者不知所從此明依正安處何等坐儀而說於法今依
三種坐儀一依三昧威儀故入於三昧三昧等心不動是二依器世間
天雨四花地六動是三依衆生世間四衆八部歡喜等是入定
從真起適悅下物衆生喜仰故此分三不唯安坐名為威儀梵
云三摩地此云等持平等持心而至於境即是定也此云三昧者
訛也觀无相理定之名无量義處三昧處謂處一所无量義者
无量義教一所詮衆義因真理生故說真理名之為處論解一
依三昧成就有二義一者成就自在力力等心不動故謂若不入三
昧有分別動搖於此不能從說自在今入三昧三昧等心不動離
於分別動搖於法便能從說說自在故云成就自在力力等心不動
二者離一切障隨自在力故謂入三昧離諸定之障隨順於法從

[illegible]
二者離一切障隨自在力故謂入三昧離諸定之障隨順於法說
說自在若有定之障於說及說不自在故論說別釋有自在力有
三隨順衆生不見對治攝下覺菩提分法故釋有自在力謂諸
衆生不能住重見无漏對治道思覺分等令依止隨順衆生
不能住重見對治道令〃不入定之因推攝下覺無无漏治道廿
提分故二為對治无始世來堅執煩惱故釋隨自在力堅執煩惱
謂分〃別〃動〃搖〃故是〃非〃心〃起〃故受〃來〃去〃生〃故諸業起
故衆苦傳令為治此分別動搖法執之心故入三昧離堅執去
論又解云由入定故能動世界及知過去无量无邊劫事定
者神變不起不知過世不知故世間仏无定之心住恒在定不
起滅定而現威儀向後令入定有十義一入生隨緣動靜和物
故二若不入定无由放光現諸瑞故若不入定即非仏瑞三若說
法時不審撰故四顯法殊妙故入定觀令〃善重故五顯重必由

説理入定方能起之既既起後方今備定惠故六不定惠滿説
法不惠滿入定既定滿故七者為末世執説法必先自靜心故
八者未善思惟説明三相亦令修生審諦事故非九入定觀
瑞發三問答故不亦便无弥勒等問十與不二答入定意答故
光等十答説法啓答故頌曰　隨瑞審妙師滿未思問答
問將説法花何故復入无量義定何因不入法花三昧答曰正
如將説般若亦先入定然後爾經三端等正對經皆對面今後
等説經此亦如是先入无量義三昧後説法花法花體即无量義
故法花三昧即无量義三昧无量義經為其説法花經為其
問説无量義談體出生无量義法花談功能功能出生亦體能雅殊
其實无二故將説法花先入无量義三昧下文亦有法花三昧
又二了悟无量義三昧者但是植栰濟物之要宜遊便近生之
巧用名雖有二體實不差又教理因果異故如前文先觀察
真如法體後説因果功能法花　經是時天雨至又諸大衆

以用名雖二體實未差又教理行果其致如上所文先觀察
真如法體後說因果行能法花。經是時天雨華及諸大衆
贊曰下明瑞世間第三雨花二動地今此雨花曼陀羅者此云適
意見者心悅故曼殊沙者此云柔軟花聲柔耎之見者離諸剛強獷
三業故摩訶大也新翻經云適意花大適意花柔軟花大柔
濡花如次即是此之四花前明法說人以調三業也又云雨為華
音花有五德一擅散見西表明法已障悟塵銷二嚴淨國土
表明法已衆善備才故下經云而此世界平坦嚴淨三敷榮
見臺表佛將欲開闡一乘四花後果結表明經已後得菩提
五香氣遠騰聞者歡悅表內德周備名稱十方衆生聞者
莫不崇仰唯雨此花非餘花者表明此經皆令歡喜離熱二
柔硬隨心故又將開一乘教理行果為其真實之開二乘四法
以〻為權巧故雨四花之為度四生興四念行脩四正勤權四
神足以四大士令四諦理截四流斷四執士四報得四妙智悟

四菩薩證於四德如雨此四不揩者如以申得眷表佛四德
周及衆以菩薩聲生歡衆當立成四。經普佛世界六種震動
贊曰釋迦一所王三千大千名佛世界此皆普動故云普佛世界
皆動此動通世界從中下而此世界六種震動故知唯是動釋
迦界非十方界若此普動与光照同不尒放光即照十方覺動界
乃據下文橫遍既化此界捨權就實故方依報解唯此界動
明捨權就實故震動也起也六動有三者俱舍說一六時動謂
入胎出胎出家成道轉法輪入涅槃今時動者轉法輪時立六方
動大般若經第八帙說謂東涌西沒西涌東沒南涌北沒北
涌南沒中涌邊沒邊涌中沒今者是此三六相動大般若說謂
動涌震擊吼爆搖動不安為動鱗隴凹凸為涌出六方出沒
名涌隱隱有聲為振舊名為起今云有所扣打為
擊砰磕發聲為吼舊名為覺今云出聲驚異為
爆此各有三名十八相動般若經云謂動等動普極動乃至等爆

爆此名有三名十八相動般若經云謂動等動等極動乃至爆
等爆等極爆但示小動名動諸處遍動名等動遍天傾動等
極動餘皆准知之　々々極但名六動唯是十八處中振動也脉
思惟梵天經論說有七因一爲驚怖諸魔二令時衆不起散亂三
令放逸者而自覺悟四令念法相五令觀說處六令成熟者得解
脱七令隨順問正義今上下云示於不動相　經云爾時會中至一心
觀佛　贊曰此衆生世間有四一四衆二八部三二王後倍歡喜
梵云鄔波索迦鄔波斯迦者鄔波近也迦云事索是男聲斯
是女聲以諸男女成就戒者堪可親近承事比丘尼衆故云近事
男近事女古云優婆塞優婆夷名清信男女訛也夜叉者
此云勇健飛騰空中攝地行諸羅刹也羅刹此云暴惡亦云
云可畏彼皆訛也　正云藥叉羅刹娑梵云莫呼洛伽
此云大腹大蟒田戲腹行之類摩睺羅伽訛也餘如前說轉
輪聖王有四仁王經云　十善菩薩發大心　長別三界苦輪海

中下品善粟散王　上品十善鐵輪王　習種銅輪二天下
銀輪三天性種性　道種堅德轉輪王　七寶金光四天下
此言依住三種性別之言十地住金輪位果其正會釋之如正
法念經第二瑜伽第四廣說業果等相隨其所應感得金
銀銅鐵四輪七寶等物而為化地都神變之事如所未曾
有發勝心渴其道歡喜合掌敬情旁視故一心兼發金言
故觀佛。經文　白毫相光　贊曰下第五依正說
因成就論有二釋一云彼諸大衆覩見異相不可思議事乃集
意為我說渴仰咨問生希有心名依正說因成就是故放大
光明示現諸世界中種種事故夫佛說法必為啓生發希渴
之心名為說因此將說法所依因之生希渴而為說故放光表
照異相難知大衆覩知其器正念佛將為說渴仰樂聞既生
希有之心決定當為說法是故放光能生衆生渴仰心故名
為說二云光不現六種震動等後二天見七去[illegible]

希有之心決定無為說法是故放光能生眾生渴仰心故名
為說三三先不現六種震動等後二不現此法門中內證深密法
故因所以先現神通外事表仏說此法門乃是由內證深密法
又由內證深密　處處既前表將仏說一乘深密之法
故名說因雖光雨花動衆生未是證絕言能令衆放神光表其可見
也由內證深密故外現雖因由此說因於標斯瑞此中有三
一放光二照境三所見此初也眉者面首之媚表所修勝是大
乘宗媚間謂兩中表說中道自為眾生之本顯此法甚三示
之源所以喻白蓮花白牛馳駕也毫者毛之有右毫毛毛
也觀仏三昧海經第一云太子時節長五尺拔下長一丈四尺五寸成
仏已長一丈五尺有十楞現中外俱空放之圓卷如秋滿月於時淨色瞤
雪圓如三寸光如七寶之　淨行智是勝人三破暗冥慶用併蕩三能
尊明引生世也　覺　日光五濁照苦由放光照眾皆見
除六欲之辭情由觀光明有緣者生七人歡喜之境見青眾生等

貪生死之苦令厭生死有佛多所逐厭生死之苦故佛放光
菩薩說西門而放四光上生華佛下而從人至色究竟從眉間放其光
白毫有表意神境智通之大意振動二境然三流布四示
現五轉變六往來七卷八舒九衆像入身十同類往趣十一隱十
二顯十三所作自在十四制他神通十五能施辯才十六能施憶
念十七能施安樂十八放大光明雨四花者自在之意振六動
者振動之意此放光者流布之意見六趣等示現之意下
神力品等之　　至阿迦尼吒天　贊曰
二照境也一世　　千佛之世界唯照東方者
西域以東為上表法花經唯被佛性大乘拔根不被無性故
不照餘方如日出先照高原佛日亦爾先照根熟一故唯東
方有所表異亦法花中亦照東方殊無照彼餘方之文一方者教
盈滿八者教不足表此說一乘真實之盈滿顯彼二乘權之
之不足又一方表卅卌實所方徒八表菩提中東八正由此二義

之不足又下表卅卅賓一切下後八表菩提中東八正由此二體
甘二言故此經將演此經於金剛者圓成故唯照亦不將不識
下照地獄者表有苦而將拔上至天者勸有樂者而亦
一乘菩薩普廣有緣皆照地獄衆生雖不至會唯无容積
之心々照令其苦息梵云阿鼻此云无々間々地獄八地獄中此
宗下故云文苦不輟故名无間梵云捺落迦此云苦器亦云不
可樂々云非行處造非法行人之所處々今云々地獄從本
大處以爲云々身梵云阿迦尼吒此云質礙究竟阿迦質
礙義尼吒云究竟義阿迦尼吒云色究竟天々形之頂
光而至更不照无色彼无色故廉者无也停照一万八千上下
極於五趣无不周遍振動唯在此界偏並有緣故光遂至
一万八千國或推實故下之一光照五趣皆是衆緣集列經唯
在四趣・經於此世界至六趣衆生 替見下照所照有七二六

趣二十三法四々衆五卅六入卅七趣世此七々三一類生死流淪
二類三寶出現三類滅後以化前々欣厭々發以故此生死流
淪六趣衆生々々以六以分別釋名二出體三開合四更一門五尋
重六因果初釋名六者教名趣有所趣五道假者起煩惱
業所歸趣更立以趣名帶教釋如地持論云所々文自性妬名
為天俱舍云光潔自在神用名天世俱云以身思故名々々為
人雜心云意寂靜故名々々為人雜心云以從他求又常飢虛怯
怯多畏故名餓鬼俱舍云以傍行故名傍生或名畜生畜
者育養之義人之資具人所畜養々々之生故名畜生梵云
捺落迦此云苦器如前已釋那落迦此云惡者造惡之者生
苦器中故名苦器无地獄名更所求之非唯地故瑜伽云捺
上一向厭離心之云不可樂故名為地獄梵云阿素洛此云非天
前已解訖出體者六趣皆々以本八異熟識而為自體无覆无
記性攝故唯識云此本八識是界趣生施設本故又云此識

從性攝故唯識云此本識是界趣生施設本故又云此識
是為界趣生體無勞別執有實命根又此情流轉五趣
四生趣生體名異熟識故開合者六趣惣為一謂生死次開為
二謂善趣惡趣分段生死變易生死者開為三謂三界者實
四謂四生四有四有者一生有二本有三死有四中有及四種生死
謂方便生死因緣生死有有生死無有生死者開為五謂五趣
除脩羅者依素怛纜開為六如此等文說有六趣雖亦非天鬼趣所攝
瑜伽仏地天趣所攝正法念經鬼畜生攝伽陁經中鬼畜天
攝今依大乘唯天趣攝以瑜伽仏地為正以多不實諂詐為先
又曰諸天真實故名曰非天如人不仁亦名非人不三非鬼非畜
生故今此離之故分為六趣開為七謂七有五趣及業有中有
趣開為九謂九有趣九有情居趣開為廿五有如下當說深川
如下第二卷經文定及第五卷釋瑜伽第卌二卷云念經亦具陳來述

此說五八千聲聞……起……生於此衆……後又見佛土……諸佛……
得菩提者　贊曰此觀三寶生頭有三佛二法三僧僧中有三
聲聞二菩薩聲聞中有其四衆論云俱行者未得聖果得菩
者已得聖果四衆衆中有此二類因曰觀佛可便聞法并見彼
衆隨佛俱行　經復見諸菩薩　贊曰此菩薩因緣者是
一切以義謂為求生生死速證佛果度脫衆生為此因緣修菩薩
者為嚴淨佛土成就衆生修菩提覺分行菩薩者為修四攝
六度行菩薩如是十種種所已已解者信而且解位地前信
未得聖果相貌者三業威儀行菩薩貌儀也應為相守貌
相皆非位於十地已得菩果由種種所由行菩薩故入二位又因
緣者外遇良緣值善友也善知識者是大因緣故信解相
是内修修行行中内心行名信解身語行名相貌心觀妙理名信解
捨頭目等名為相貌行菩薩者論云依四攝法教化衆生方
便攝下故信解相貌皆是行菩薩四攝法者一布施如後當

便攝下攝反解相狼皆是以菩薩四攝法者一布施以後當
拜二愛語常說悅豫之言如法引義之語者遠離麁惡之言咲
先言〻微進命問安隨宜以慰諭見有昌盛而不自知覺善法增而
申慶慰說佛法相恒為勝益於己怨仇起清淨意於趣處
者拯〻除疑惑於真福田迴誑惡以都无愛根脩雖虛語
欲除障蓋為說先作心調善者為說論法多教息者悔人〻
生離有疑惑者讚說決擇依四靜慮起八聖語三者利行由愛
語故先未正理隨所善受悲无染心勸善調伏安安建立三能
令〻獲得現利時位後利生家保利離敬輕安解脫習近惡友未
植善根者大財信染極放逸外道僻執邪見誹謗常起種
十惡業者於此一切皆能開解起大悲心殊受大苦心无猒惓
倍生歡喜雖受財位示以勝事一而自卑屈如僕如奴如旃
荼羅如孝子於无染无倦真實哀憐慈悲之心永不退轉
四者同事以此義利若勸他学亦自脩習者四知見一切有同自身

善根堅固不生退轉今〻作是念曰此義我定有利樂他自〻
故不方便二〻汝自不善何能益我汝且於他隨宜此亦如隨自
〻菩薩利他〻雖無量華此四攝〻一切〻故不論餘〻章義如先
悟既第二卷　經注見諸佛生起七寶塔　贊曰此顯滅後
〻他有二一入滅二起塔梵云依利昭傳滿此云圓寂〻是圓滿
體寂滅義涅槃證得涅槃〻〻以〻不可別體二名三得時四得人五能覺
六入意體者涅槃有四一自性清淨涅槃二有餘依涅槃三無餘依
涅槃四無住處涅槃此之四體名大般涅槃有二一總四之體皆一真如〻
如〻具三身亦名涅槃能生圓覺名摩訶般若體覺性故在三身
身不生圓覺非為覺性不名般若大智度云淺智及智處
皆名為般若故花嚴云自性清淨心之名無師智二生死和淨名
為法身般若云三種名如來藏三種名法身在二乘等不名
法〻若非切德法所依止故三衆皆都盡離二死故亦名為解脫
在二乘等亦設死盡雖離〻體非圓解名之三體有二後等

在二乘等分段死盡雖離一障非圓解脫於二乘者亦一種得此
三乘同坐解脫之林由此二乘亦名得菩薩然非大般義不具足
故又依菩薩本業經大菩薩要三事足名入大般若然從二空之
智法身亦是一所證二理解脫亦是由智證理障盡所得假
擇滅體如伊字三點菩薩亦爾由智證法身而得擇滅法身
為本依之有二故如伊字三點在上一點在下別不成者二乘
解脫有其別體理亦不成三事菩薩不異不一方名入故從不成
者般若為上下下品解脫為次中品法身為次上品三法俱時三品
而得此亦不成竪上下名從傍前後名橫本三別立前後從亦
理亦不成由起大智證法法理離障解脫亦爾不異名入大
菩薩非如二乘執三別體立其三品立前後別得或同時得成者
菩薩除別出體釋名等義如唯識第十卷料簡今明彼亦示入
無餘非入大般涅槃得成依彼得故一切一分度者皆已度說故入菩
薩其未度者亦皆為作度因緣故起寶藏僧舍利塔

三謂鼻所聞香心念老所等持法云鼻所聞者云
本科照境之下文云文依器世間者傍照一万八千世界
是衆生世間者所見六趣衆生是數種種者下云示現種種觀
故名餘五所見觀見此中種種多此中種種多故論開為四者今依
隨所見仏資長義任持義是食義此資長衆生殊勝善
法任持衆生善根不壞故仏名食食文云是示現依正食右
爾菩薩八地已上對法之名示現任食食惡又此攝文之受用義是食
義之受用法樂能食故名食二明法如名一名二知三備以謂四衆備
以何是及諸菩薩菩薩之者四者樂謂所見入藏生藏之之
彼處為樂故文樂有五種一自性離樂二因樂三苦對治樂四受斷
樂五无惱害樂此復有四一出離二遠離三寂靜四覺法此入地
菩提後四中寂靜樂也重種種者解下經中入地地之起七寶樓樓
高妙五千由旬等之文重科所見七事五六趣衆生是具足之大
惱義別仏下六句具具足足清淨淨義義別中有仏法弟子義別示

性差別佛下六句具足〻清〻淨〻差別中有佛法弟子差別亦
現三寶差別彼弟子中復示差別聲聞菩薩二乘別故名此清
淨中之世界有佛見三寶者名為之佛之世界无佛見入卅卅
及為起煩惱名為无佛 經爾時彌勒菩薩而之此瑞 贊曰第六大
假大眾現之所欲問法成就文段為三初彌勒菩抱疑次衆人
寶生心疑後衆氏雙申兩意發問先因彌勒意滿當生因
成現世遂後不曾植業民以身豈復觀豪光而莫知觀三昧
而不了但是示為二不知之相發問以請了疑故名彌勒示相
懷疑衆人以根地人下不測大聖之毅深觀外相以疑生故名衆
人寶生心惑彌勒扶自德之兩意發問文殊人前徵先一何由故為弟
三段此初中有四一標瑞徵因二舉古同答三推切上德證之
方便此初文也妙用无方曰神〻通〻轉異變名變本變攝物立以
瑞名瑞〻以〻世尊恣也此問教先之何等恣緣說因〻問為
經今者佛世尊至誰能答者 贊曰此舉古同答三等道及哉義

復以無問入三昧之理深名不可思議動地雨花名現希
有光雨花動地放光遠照外感物機皆名神變緣瑞敘回
所攝唯入三昧名為希有唯能知者詢於餘人 經復作此
念今我今當問 贊曰文殊師利下推問上位我今當問者
謂之文殊師利為佛果久成示居因末紹佛法王之位稱為
法王子名之曾親近供養無量諸佛集植德本進
進行名供養故文殊師利下住本四依供養恒沙並四三依合
值廿六恒河沙佛故名必定見此希有之相謂之不知我今當問論
云問於一人多人前問生希有是故唯問文殊師利所以多來
疑生多人解在非多人唯在一論云示現佛弟子更無隨順
欲說於法皆不能違為現大相因故者大相謂所說妙法因
謂神變今現瑞相為說之因又大相者即現瑞相即因為
所說法為因故又因者所以問神變是大相之可以為問故作
問文殊不問餘人有二法故推於文殊一現見諸法文殊能知諸

所説法為因故又因者一切以問稱讚大菩薩可以如何故作
問文殊不問餘人有二法故推於文殊一現見諸法文殊能知諸
法故二離諸因緣自然成就彼法故謂文殊師利離諸擁盡
又離比知并隨他問之因緣故一切以推菩薩示現種種瑞相者未現
彼土非一故名為彼土如彼土現沒住滅一切見見六趣衆生現在
彼生死中沒名為現沒一切見佛法四衆并諸菩薩現在彼住名為
彼住見佛入涅槃并為起塔現在入滅故名彼滅一切見十事未不攝
盡者住已現在滅已沒无見入涅槃為起塔名滅沒一切條文多者
名現住論文以文殊能見彼土是故問之文殊師利所作其就
因其就所作者謂彼所作法此有二種一福德二智惠為内德滿
也因其就者謂一切智已就緣於已教光雨花動地外德滿故量
後釋言因者相如謂現大瑞相此因之果者謂即所說大法文殊
外因已滿内德復圓故能如佛一切說妙法果故今推問往昔時說立
生今當問誰　讚曰衆人齊生疑惑也是佛光明以說因教光

神通之非唯威儀中雨花動地外於異人等者所以唯生疑
入定非衆所知所以不緣為問入根人地前已下故不能測其仏
之入定既不知入於何定二依何更生疑故不問也　經爾時彌
勒至文殊師利云云　賛曰下第二彼發問由兩意之發問因為三
稱長行後重頌長行有二此稱發問由兩意之　經以何因緣之
國界莊嚴　賛曰此後發問夫因兩意此意相也神通之相者
唯威儀中雨花動地放光明等唯說因也彌勒扶自他為問
報外瑞而共問故發唯瑞以生徵不緣入定以為問外人不疑入定
下之不頌入定故也志見彼仏國界莊嚴者論揔解　經意云
種種仏國土者示現彼國土中種種差別示現為化四衆六趣衆
生所現穢國及淨妙國土者无垢惱衆生住處為化十地菩薩所現
淨國於彼國土仏為上首者諸菩薩衆依仏住故仏於二國皆自
在故長行前文所以所見之中先說仏為上首凡說重頌九十
一所由一為利鈍二根二為前後兩衆三為直曲兩樂四為難易兩

所由一為利鈍二根二為出明後兩衆三為直曲兩樂四為難易兩
解五為真俗兩諦六為、略標兩分長行為廣頌文標略七為標釋兩別長行標頌
文釋八為智弁兩殊長行智无盡頌中弁无盡九為解持兩異長行為解法頌中為持法十為説
行兩別長行為衆説者以悲智故頌文為衆以者皆知足故　頌此十句　利鈍与前後
直曲難真俗　略標及標釋　智弁解説行　長行与頌之義
不同　廣略去有无　合離与前後　文質並隱顯　是曲直
差別　至下文中一一當顯　經於是弥勒菩薩欲重宣此
贊曰梵云伽陀此翻為頌頌者美也歌也頌中文句極美麗故歌
頌之故訛略云偈此祇夜頌進注體義為於名句足為所依
不及聲明故於名法不別書立於聲上屈曲為體名句文
更无別性不同小乘頌依於文又文上書此乃室盧迦卅二字
處中頌世凡有六十二頌分之為二初五十四頌頌上兩端相後八頌頌
正興問初中復三初四頌頌上兩説因中放光能照次三頌頌感儀中
雨花動地等後八頌頌説因中照境所見此初四頌頌光照文

頌雨花六不同，末二句後不同，隨文但六　何要異說所言之也皆
嚴淨　贊曰：下三頌威儀中三〻上頌半雨花，半頌動地，一頌
四衆歡喜　此頌雨花，不頌入定，自知衆不同衆之不異，長以四花
此頌二者合雜不同，花為旃檀香風，似赤白檀青氣之香則
故悅可衆心，地皆嚴淨，乃自古以有无不同　經而此世界生
得未曾有　贊曰：初二句頌動地，後一頌〻四衆歡喜　經眉間
光明照于東方　贊曰：下五十頌〻照境〻一所見，分之為二，初一頌半頌照
境，後卅八頌半頌一所見　此頌照世界六趣境，亦皆如金色照一句
重故光唯白色，表一乘，為大士所照，一如金色，〻表乘重大乘觀諸仏
淨土之相，令〻脩一乘外果〻因，故如金色〻下當知下文殊頌中
〻現淨土，故去〻見界雖白光，乃金色　經諸此世界至於此者見
贊曰：下卅八頌半所見六〻二十七，其中不頌入滅文，分為六，初一
頌半頌六趣衆生，次半頌〻見仏，次六頌半頌聞法，次一頌半頌四衆
次廿一頌半頌以廿事已，後七頌〻滅後起塔〻此初半頌衆生世間中

次廿一頌半頌明廿頌色後七頌〻摽後色攝〻此〻初有二〻衆生世間中
具足煩惱差別生死是惣通〻業苦所趣是別即六趣果〻所趣果
時即生死〻業煩惱假者有情為能趣故經自釋云〻善惡業緣受報好
醜〻受報好醜是所趣果善惡業緣為能趣因由善業為異
熟因貪等為潤緣〻受人〻天〻好〻趣〻報〻明善衆生所歸受故
由惡業為異熟因貪等為潤緣受〻三惡〻趣〻醜〻趣〻報〻明
惡衆生所歸受故名為所趣於此差別中有業煩惱名為能
趣外器世間名趣資具內異熟果名為所趣如次頌二〻
歟歸林藪　名歸虛空　聖歸涅槃　法歸分別
即以所歸為其所趣假者有情以善惡趣為生死所趣下明
具足清淨差別即數種〻　經文觀諸仏聖尊師子　贊曰
此半頌明見仏師子即聖〻尊〻即諸仏也〻下釋上无畏自在名
師子寡真洞俗名聖主衆聖之主即菩薩也　經演說經典
並開悟衆生　贊曰下六頌半頌明法〻二〻有三〻半頌明四辯後

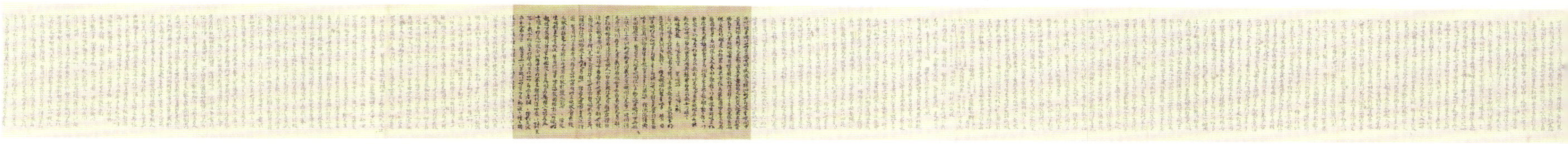

三頌ㄑ明三乘此初世務半明義无导一頌明法无导一頌明詞
无导一頌明弁才无导義謂名微妙等乘名本一義无导解
世教離諸染名清淨音順人心名柔軟法无导解也契理名
深妙悲狀名樂明妙順諸方名名於世界詞无导解也種
ㄑ因緣法ㄑ道理ㄑ以无量喻諸譬喻也法喻雙開明乃二義
一照明佛法二開悟眾生弁无导解也　經若人遭苦乙為說涅
道　贊曰此明三乘聲聞獨覺菩薩如次配此三頌默音於蛇
又默淋猶是而未破ㄑ後為世有作默於臨及鎧也　經文
殊師利等今當略說　贊曰此一頌半證見四眾因信於二所復明
覩彼四眾脩行得道和世眾多見明多斯信之所見及
千億事明見四眾今此經中宗明一乘不能具列除四眾以外眾
恒沙我今略說上明聲聞下明菩薩三乘差別　經我見彼
土等而求佛道　贊曰廿一頌半明菩薩道分三　初一頌ㄑ種ㄑ因

怛多我今略說之以聲聞下明菩薩位差別·住我見彼
無去而求涅槃　贊曰下明以半頌明菩薩分三初一頌種種因
緣次十七頌種種相狀後十三頌半明種種行解此長行中∴
外緣內明從凡至聖階降先後今頌先依外緣後明自相
以勝劣為前後初根者十地無漏有漏雜脩次未脩一行彼唯
寒行行解者唯有漏脩亂脩非次時勞除鈍故前後別說
脩六度助有三信見道已前初劫劫之中於一一行中唯脩一行亂脩
有漏位以行解初地至七地滿未二劫中於一一行中脩一切行
有漏無漏二皆雜脩八地至十地滿未三劫中一切行中脩一切
行純無漏脩後二劫脩位此相根十地位之初地行檀乃至十
地而脩六度於諸度中隨力隨分非不脩習故此相見位十地
脩有習次未故行廣大故行解位是是見道已前行非勝故
說亂脩故此頌因緣恒沙菩薩梵云殑伽沙此云恒河神名
河從彼稱殑音其聲女人之聲從中說恒河沙等不可無

熱惱消也四大河此名一也一是此身二由世人共尊為雅水入波羅
救乘天三雅住寄旅名字共之四仏身近此皆一說妙法五
衆人共愛故身為尊仍下釋此四口言普雄以為尊　經云有
以施云求仏智恵　賛曰下十七頌ㄋ根中分二初十五頌六度次
修習一益圓成後之兩頌八風不動二非求物頌六度中分六
初六頌施次二戒次一忍次一勤次二定後二恵此施分三初四
四外財次一内外後一内財外財四中一施七寶一施八珍一施衣服
一施雜物七寶中一金說文金有五色黃為其長久埋不生
百鍊不壞從革不違西方之行生於土左右注以金字象金
在土形今二贊世二銀白金世三珊瑚紅赤色石胎似樹形四真
珠正赤真珠仏地論云赤虫所出名赤珠識赤名赤真珠五摩
尼者如意神珠也見无瑠璃便開珠六車渠梵云牟娑洛
揭婆青白間色七馬瑙梵云遏濕摩揭婆此云杵藏ㄝ云

揭婆青白間色七馬瑙梵云遏濕摩揭婆此云杵藏玄〻
腦〻堅實故色如馬腦故從彼名作馬瑙字〻以是寶類故
字從玉玄如石類字玄從石此七不同隨方所重如生疏
次頌八珍一金剛二諸珠帝青大青之類三奴者下人没官
入賤為奴玄為奴字四婢者女〻卑稱之車輿輦〻之惣名夏若
民奚使所作古音居〻以所以居人今日車舍也〻以者所
居如舍六象馬也謂之象者不用兆象戴也謂駕馬〻之德
七寶諸輦輓車人在前引〻之古郁大夫亡象自漢之後天子
象之故今天子皇后所乘車曰輦八寶飾輿八余擾余居二
反說文車輿也又車無輪曰輿也衆也載也舉也亦作轝非皆
以珍飾故〻寶飾也次一頌施成度義成唯識云具七攝文多
成度故若闕便非正說頌曰 安住與依止 意樂及方業巧
便向清淨 度成由此七 此中但舉迴向菩提餘六唯而可
光趣行此為三業事[illegible]迴向意次一雜物細音息利反古人

四三一舌迺也云〻如迺〻房星四準之天馬故人名爲〻梴益於世八
𢈔也欄闌皆所以作闌香草世非此義楯音食尹時允二反欄楯
從曰檻橫曰楯華〻音戶花反依此俗釋黃帝與蚩尤戰於
涿鹿之野常有五色雲氣金枝玉葉止於帝上有〻花葩
之形因而作華蓋華美之蓋也據實理釋西域暑熱人
多持蓋以花飾之名爲花蓋華花音許晉云〻〻又安車也
曲輂輜車可以載物障蔽名爲飾也亦作幰〻音虛偃反布帳
車上御熱一名幰車駟馬駕傳飾欄楯上施花蓋帳軒〻嚴
飾〻以爲布施上四外財次一內外身分爲內妻子爲外次一唯
內施而心放施有五種　至寬及信〻心　隨時自手施　如法以捨物
是名施五種　又七攝三文中第四爲業也不望施亦五種
不淨亂衆生　惱害衆生物　及施淨心者　皆不望施句
又五種中如法施也施有五種　現近恒樂見　宗敬好名聞
復作後時因　是名施善利　此七上皆以發菩提心住說於此施

復作後時因　是名施菩初　此上皆以菩提心住持以為
中容起四智一若有財以不悋施起覺悟智二財匱闕心不樂
施起忍苦智三財悅意心不樂施起知倒智四欣世果名行
施者起不堅智施以無貪及彼所起三業為性如菩薩地說
住文殊師利至而披法服　贊曰此三聚戒有三種一律儀戒即
七衆所受二攝善法戒一所修三乘一切善法三饒益有情戒即
利有情三業方便勝妙住三波羅提木叉又眺居出家々文具
足為大乘故說菩薩地云律儀戒者捨輪王位如棄草芥出家
々受具足等皆名律儀戒故此所說即律々儀々戒々為大士方有
後二若破律儀々戒但捨故四波羅夷皆律儀戒此所為生
家方能受具足等故說六乃稱律儀戒也有大士々披法服披音
數羈反方々々披敬世令立擇着々義令出家々々而被法服
被音皮義又能用被帶々義出家責見聽猶如君之在家迴
廷故說出家持戒有五利一十方弘護令二善人樂見歡喜三持戒

老夭竊衰四攝從順生生常持戒成其性者度之隨修戒為
從攝已此第四頌曰 讚念作歡喜 戒發功德因 生常戒
成性 是名戒五種 經又見菩薩至樂誦經典 贊曰此一頌忍
讀誦經典思惟法義諦察法忍等雖徧說攝饒二忍皆耐怨
害忍安受苦忍 經又見菩薩至思惟佛道 贊曰此一頌勤此通
被甲攝善二種既無利樂功德精進有五種被甲加行無下
無退無足已經所說有勢有勤有勇堅猛不捨善軛宗下初
發起猛利樂欲名被甲次起堅固勇捍方便名加行次為證
得不自輕蔑亦無怯懼名無下次能忍受寒熱等苦於劣
等善不生喜足名無退次能從入諸諦觀觀等欲求後
後勝品功德名無足又亦究竟菩提欲大菩提故諸佛究竟菩提樂
利樂他故初一名被甲後四名攝善此中合名勇猛精進
經又見離欲至讚諸法王 贊曰此二頌定離憒閙故常處
空閑由此安住靜慮故深修禪定行發靜慮故得五神通由

空法由此安住靜處於保任禪定行行皆靜處於得五神通由
辯乃靜處故讚諸法王此三衣由離欲方得　經復見菩薩以慧之持
贊曰下三頌頌慧此一加行智妙善達實相故智深意樂不休故志固
又因處處遠故智深不休息故志固加行能以行三能持　經又
見佛子至而擊法鼓　贊曰此三頌頌三智定慧具足之根本後
得二智滿故復得智中以喻明讚法法有四意一欣樂說法利一化
諸菩薩不化二乘(二)破十魔眾(四)擊法法鼓法者開權顯實至下
當知魔雖云破怖畏也然云魔名波卑夜云惡者波旬訛也
雜藏中佛說魔有十(軍)(今舊頌言)欲憂愁飢渴　愛睡眠怖畏
疑毒及名利　自高輕慢彼　汝等軍如是　一切无能破
我智箭定力　摧破瓶投水　太正智擊真如後得智擊俗
理說法普偃令眾得入此六度中皆具二利然以布施唯明利
他後恵通彰二利中四但說自利无利他他說實非无也
經又見菩薩至不以為喜　贊曰下二頌頌風不動二非攝物二頌如次

此八風不動寰安音息見及安世息世有作是安字息非安之異也
八風者一利二衰三毀四譽五稱六譏七苦八樂今此但舉於四生
喜得財位名利面讚名譽背讚名稱違惱名譏於此四中
并不以為喜等敬之云云義貫通故制此四種衰毀譏苦之不
生憂身心寂然語一一寰安理雖八風故此必務第二缺解
經又見菩薩令入佛道　贊曰此三悲拯物悲心謂拔苦有情緣
悲緣有情起行如如種生之無窮偏舉苦一種行麗重苦生故
云云教免濟地獄苦餘二悲則法緣無緣准此應成云云當具顯　經又見
佛子出勤求佛道　贊曰下十二頌半頌地上所見大行解行道之度
亂脩已為六也一頌勤一頌戒一頌半忍二頌定五頌施三頌惠此勤
世飲食知量減省睡眠初夜後夜覺悟瑜伽遺教云云初夜
後夜亦勿有廢中夜誦經以自消息無以睡眠因緣令一生空過
無所得也當識世謂楚之為之令令不暫為故云云亦會經林中西

无所得世智識世間愚迷爲之今不智爲故六六來寄住林中西
域地温墨博爲苦於中往來鎖念良痛住如住布伯六來者故
六六住川此乃業勵修四正斷於已生惡不善法修律儀斷於未
生惡不善法修斷斷於已生善法修防護斷於未生善法修
習斷斷求佛道故花嚴云　佛子善諦聽　我說如實義
或有速出要　或有難解脫　若欲求除滅　无量諸過惡
應當一切時　勇猛大精進　譬如微小火　樵濕即能滅
於佛法教中　懈怠者亦爾　譬如人鑽火　未出數休息
火勢隨止滅　懈怠者亦爾　譬如淨火珠　離緣而求火
畢竟不可得　懈怠者亦爾　譬如明淨日　閉目求見色
於佛教法中　懈怠者亦爾　由初發心精進爲上而能爲欲依欲
爲精進依故　此但以精進爲首十信心中後精進故　經又見
具戒云以求佛道　贊曰此一切戒三業威儀常无缺滅勿輕小罪
以爲无殃水渧雖微漸盈大器又見　布畏及怖一愧慚守　如鶉

務者一心外无邪二亦往區僧三戒光燈炬四衆所愛專貴此義
務被傳卓擊拷身惡隨聖知事之前說生伊蘭之悅氣隨所
欲律儀為本故也・經又見仏子乃以求仏道　贊曰此一頌半耐怨
害忍也行謂身行名增上慢持誐自多聽叡財富並德
名峯謂高勝他遂行捶打菩薩以五種觀皆悉能忍一親屬想二
唯法想三有苦相四无常想五攝受想如智　有觀彼害者
親屬唯是法　皆苦及无常　攝受故忍辱　上來明操三度如
幽贊照無不述擾音之累又擊也打音頂・經又見菩薩至以
求仏道　贊曰此二頌定所離有四一戲論謂分別戲論二嘆謂
談謔三離自愚癡四離惡眷屬離親屬等故不離有三一翻
前四親近智者二一心除亂翻前三種故遺教經云汝等比丘當
離憒鬧獨處閑居思滅苦本若樂衆者受衆惱廣說如經
・經或見菩薩求无上道　贊曰此五頌施分三初二頌四事施次
一頌上妙施後二頌意樂施四事者飲食湯藥衣服卧具餚者

一頌上妙施後頌意樂施四事者飲食湯藥衣服臥具饍者
非穀而食々曰肴々俎世之作肴字今作此字世菜々数是也二云
菹寶饍具食世今时美物也一曰稱膳從舟有膳肉也今則
不然廿廿設以供養仏故並爲膳字有作脯饍非也 旃檀 者
赤謂牛頭旃檀黒謂紫檀々々数白謂白檀々属一頌上妙施
父母病法师 宗後生菩薩 設非澄悝者 施果亦无量
又云 若有戒足雅藏方 而能雜說利多人 若仏大师恭供養
愛彼善說故和似 故以清淨好園林施意樂 施中有六意樂
一廣大二无猒三歡喜四恩德五无染々以善好 此中有三一歡喜
二无猒三善好 言求无上道而施四事 言廣大 施若可思
名恩德施 三时无悔不爲染 雜名无染 施以飲食施足法食
故不墮飢饉劫 故以醫藥施當得法藥无諸病 故以衣服
施得七寶衣柔和善順具慙愧 故以臥具施當具資緣入
空窟舍 慈悲室 故以園林施當得覺花抱持園故及手无

源以本執故以花施以七覺花故以菓施所四聖果故以佛地
施當所无垢八解脫故 經或有菩薩求无上道 贊曰此三頌
惠初一後所智法施无盡故 經云若恒沙世界珍寶
滿其中以施諸如來不如以法施施寶雖福多不及一法施偈福當
勝說多難思議次一正智施无相故二相者分別世无二相者
正是餘經不二法門如彼三類說不二義故言所等作如相无相
利他目利二智門故後一加行求正道故教音古孝文訓也二雷也
人闍花菓華即有所把
詔音諸耀文學世詔教學之詔照世以此示之使昭然可見文
本作教招教无平音招誘進世 經文殊師利菩薩供養舍利
贊曰下第六假有七頌頌起塔分三初一頌供養舍利後六頌
造塔供養後文分三初三頌造塔嚴飾次一頌八部供養後二
頌顯造殊勝文七頌分二初五頌頌長行後二頌借造塔勝初中
復二初四頌菩薩供養後一頌八部供養菩薩供養復二初一頌供
養舍利後三起塔准此頌文長行應云供養舍利起七寶

養舍利後三起塔〻 此頌文長以寫之〻 供養舍利起七寶
塔此福也 經又見仏子造寶塔鈴和鳴 贊曰此三頌起塔一頌
散一頌重〻一頌嚴卅地況若仏滅後造一去多仏剎多寸而為供
養豈雅无量大福德果〻文大梵〻福无數大劫不墮惡趣〻滿
无上菩提資粮梵云踰繕那限量義記云由旬俱舍頌云
極微〻金水 兔羊牛隙塵 蝨麥指節 後〻增七倍
二十四指肘 四肘為弓量 五百俱盧舍 此八踰繕那
十六里餘 右依餘經乃卅里從音足容子用二反豎世廣横
世古為從字切韻唯有從蹤䠦二字為本作從不知從字所
出俗解南北從東西曰横 露謂不覆之幔 謂 覆世殿所莊嚴
去露去覆以下寶塔品並自具釋之此明銀寶塔之量
上位所見不爾此洲唯世多塔有五幔幕也在傍曰帷在上曰
幕〻覆世露謂覆露曰 諸文殊〻文露蓋〻作幔字錯
邪其文非此 濫多頌寶鈴和鳴等周徧 經諸天龍神至

常以供養　贊曰：此明八部供養。經：文殊師利至其華開敷
贊曰：此二頌結造塔勝因，造塔故國界殊特，塔迴高嚴眾
寶係飾，如天帝釋園生樹王，花開之時，端嚴絕妙，迴光諸
樹故，以為喻。經：佛放一光至無量國　贊曰：下第二段有八頌，請
答分二，初四頌緣事興問，後四頌推請答。初中復二，初二頌緣近
遠兩事，後二頌舉見二事問。此初也。初頌緣見近事，後頌緣見
遠事。經：我等見此至演斯光明　贊曰：此二頌舉見二事問，初
頌緣自他之兩見，後頌舉此故々被瞻疑意若斯發光瞻彼
瞻者欲我問故，彼被瞻者希安答故。經：佛子時答至演斯光明
贊曰：下推請答分四，初一頌推時請答，次一頌推事請答，
後一頌舉事極大，後一頌正請彼答。此初也。四眾欣渴冀聞勝
道，願決々疑令喜，今正是時，凡說法者必逗機故。經：佛坐道場至
此非小緣　贊曰：初頌推二事請答，一妙法，二授記，後頌明事極
大，見佛及淨土，此非小緣故。經：文殊當知至為何等　贊曰：正請

大見佛及淨土此非小緣故　經文殊言知是爲何等說　讚曰正請
彼菩薩唯見瞻仁務希仰菩薩前瞻此彼問菩薩菩薩者雙瞻此務瞻
仁覓決衆之疑何故也　經尒時至及諸大士善男子等　讚曰下第七文
殊師利菩薩成就論云文殊師利以宿命智現見過去因果相成
就十種事如現在前是故能答非比度非推尋處能答也論云
因相者文殊自見己身於彼彼佛土脩脩諸行是今時之因相
提因相故果相者過去一切依何體論云文殊自見己身是妙光法師
於彼佛所聞此法聞爲衆生說是前前世過去之果果脩所依自
體非是一切見因之果彼因者今時佛果之因彼果者乃是過去
无量生因之果大分爲三初標名想者次正答答一切徵後爲三段
語衆勸知陳佛今說此正總也　經我惟忖至演大法義
讚曰答一切徵世尊依論本此答之中成就十事現見大義因
正此文是第二請請善男子我於過去下現在世間文字章句
云象之因第二請請善男子如過去无量无邊下現見希有

因苐四次後云仏一名曰尸大日下現見勝女因苐五其六因
仏未出家下現見之文用大因苐六仏滅度後妙光菩薩持妙法花
下現見揚〃以諸仏轉法輪因苐七日月燈明仏八子皆師妙光下
現見善堅實如来法輪因苐八是諸王子供養无量下現見
能進入因苐九其三以後成仏者名曰然燈下現見値念因苐十
弥勒當知爾時妙光菩薩下現見自〃此一明星〃因〃者所以文殊
現童智見其身菩薩其二所由以菩薩弥勒故說為因意此中身〃居
往代為今時因故名為因此十因中總為五對義教背三稱勝
背三轉翻對四堅進背五池自對配往十利如次定知此中總分為
四一示利壽童菩二舉古成今菩三指陳別身菩四古今利民
初二後一如文次中自陳中間七因總為指陳別身菩薩文當知今〃
此之示利壽童菩薩唯者四世念世謀世付度世倫名現見大
義因者義理成就〃〃八種大義理〃之所由〃因〃世〃大義者經四五
句論云八句言三〃欲說大法雨大法雨擊大法鼓不斷大法鼓

句論曰八句初二々欲說大法雨大法雨擊大法鼓不斷大法鼓
建大法幢然大法炬吹大法蠡演大法義論中第七云說不斷
大法鼓今以義推故第四說之不相違爲大法雨二皆字音
去々初第二音吹爲二々音呂爲文人々施二又今從初文螺三音諸邊
水盂也去作々瓢論云疑者斷疑已欲說大法欲破彼疑住外
凡位今々進脩故已斷疑者增長彼熟智身故已雨大法雨光
住內凡而无疑者滋善萌牙令入其位欲增長善故以大十論
意上下相連鉤鏁相起以釋經文下皆准知論云根熟者爲
說二種密境界謂聲聞菩薩二密境界二句示現已擊大法
鼓不斷大法鼓以表進聞故次第配之已明令者聞法聲聞示
爲權密境界今一兩說菩薩示爲實密境界各二密境今
根熟者捨權々爲實故論云入密境界者今々進々上清淨義
故已建大法幢立菩提妙智極高顯故猶如大法幢由知權實
前捨前々行大乘々行時菩提智離障淨故論云進々上々清

淨義者進一切智觀見故名於大法炬所得真智書立摠
照於真境從此故如炬照物論云一切智觀見者為一切法
書立名字章句義故名吹大法蠡生所得真境必須為說教
義教詮一切法故名為一切法書立名字章句義者今立名字
等如俗作樂曲終滿故吹大螺兆今說得果事圓滿位為他說
法之處如是故此說吹貝知時論云書立名字章句義者今
入不可說從智轉法輪故名演大法義說於教者今所證入
於從智成轉法輪摧於煩惱此八句中分為四對一破惡進善對
二開權顯實對三得智從真對四說法利生對如是循環名
為法輪自得得果欲今有情從理真智摧滅煩惱論鉤鏁
解經故此相系為對一句散解二五子釋未由經文五句唯二對
半有破惡進善說法利生開權一門自餘顯實得智從真
文背法㒵仍不次亦讀者宜知　經諸善男子至說大法
贊曰下觀見世間文字章句意皆深因者此說大教故教是

賛曰下頌見世間文字章句意皆除因者此説大教故教是
世間藏論名字章句故意者意況説教之一所以世亦是舉古
成令義文中有三一舉通去二結成今三釋其意此初世
經是故當知至二段如是　賛曰此結成令　經令(欲)衆生之故現
斯瑞　賛曰此釋其意也故光所意欲令聞知難信之法故昔
説二真今談一實令捨舊疑以令(令)新故一故名難信不但信難
義日亡雖　經諸善男子至以備祇劫　賛曰下有八因勉
由二文初去明後偈頌去明亦二初七因指陳別義後一因古
今相似義初又亦三初一讚揚希有義次一顯後勝妙義後
五垂陳同義初讚揚希有義論名視見希之因見童時
不可得故於中有四一讚時久遠希二讚佛名号希三讚法
勝妙希四讚生利益希此亦初世論云不可思議不可稱至可
童者示現色彼以僧祇劫不可得故梵音以僧企耶訛也云
乃算數之先故世俱舍論説有五十二數是一積十至此數無名

阿僧祇本數六十條八傳云花嚴經說百廿數此乃第一百廿云
劫臈波此名為劫此云分別時分ミ別ミ義不可思議者道情
計之境不可稱者道言ミ議境不可量者非喻所明其下境今經云
无量者道筭分喻分无邊者道時分不思議者道情計分
阿僧般若道四分世菩地說劫有二種一日夜歲數二阿僧祇
瑜伽復說去說一增減為一劫謂飢饉疫病刀兵去也廿劫為
一劫謂梵衆天去此卅為一劫謂梵輔天去此六十為一劫謂大梵
天去此八十為一劫謂少灾少光數準壽命一劫去七火方一水灾
劫謂極光淨天去八七火一七水灾方一風灾劫謂遍淨天數此
並不可數為一阿僧祇凡經此三大阿僧祇劫脩因方得作仏
菩賢劫等合有十類劫ミ差別古攝論文去地前分三十
地各分三合成卅三阿僧祇劫七地已前為小八九十地為中地前
為大雖各此等劫量不同今依大論法花一會所說諸劫
[illegible]

為丈雖如是以寸無量不同今依大通滿法花一念書一切諸法去
身依之種一夜二晝三月四時五年人天依無量無邊遍王恩
議以償祇劫非餘丈夫世欲證諸仏無數丈夫時一生攝文
殊所見故久意故 佳亦時有仏出世等　賛曰此讚仏名
号又希日月燈明是別名如來二下是通名有如二能尊明
二氏熱月如三能除熱二清涼燈如二能破暗二傳照顯
仏能尊迷出覺或器故根除煩惱之熱除煩惱之涼水破
愚癡化生傳法表別名希如世依瑜伽八十三云解十号且一如
來二應三正等覺四明行圓滿五善逝六世間解七無上丈夫
調御士八天人師九仏十薄伽梵 如來者楊趣廣曰足下九号之
趣名廣也菩住云如過去諸仏所說住法亦復如是名如
一空等來出菩提故云如來且今釋迦如過去諸仏依諸教
法修六度等以觀十一空等理來出菩提果故云如來 能根
於仏般若云如來者无一切法之來亦无一切生故名如來能法

佛氏寶論云古者賞罰來既正覺故名如來義那此何非

此宗義論云應正等覺謂以解脫一切煩惱障及所知障故

阿羅漢者此正云應唯識云應以害煩惱賊應無不以

生應之受妙供養如前本論釋經有十五義是論解及此經

但以害煩惱賊名阿羅漢不斷所知障名為正等覺故論

伽云阿羅漢是共德正等覺下是不共德舊云正遍知正

正覺等覺正覺如次簡外道小乘菩薩三種明行圓滿者正

明行足明謂三明一宿住隨念智明二生死智明三漏盡智

明行謂所行之行謂清淨三業現行正念四種攝三心

法現法樂住是住行此二是明行攝害護根門是行行此二

行及明皆圓滿由諸業路三不護者三不失法由此不造惡

世間靜慮遍自善行此中由不造惡者三業清淨故言

護害護根門故無妄失法得世間靜慮現法樂住遍自善

行世故三三明行圓滿善逝者謂好去義具一切種自利利他二切

濩客濩根以故无妄失法以世間處處以[illegible]
以世故二二明以圓滿善逝者謂於去來具一切種自利利他二功
德故逝者法世謂成菩提已於生死去來具一切種二利功德善
了法義故名善逝世間解者有情及器二世間中皆善　通
達故由悟入彼情世間依前後際宿住生死智於一切時八万
四千行差別故已知三際衆生一切差別及善了知器世間者
於東方等十方世界无量成壞善了知故又於一切世間諸佛
自行因緣所未曾遇見出離能趣行等皆善知故謂知自體
果世因緣因世法為趣向修四諦如次配之无上丈夫調御士者
獲謂云无上士調御丈夫智无等故无過上故名无上於現法中仏
令具相好是大丈夫又身分調御无量丈夫宗行布一故極善故由
此後釋獲云无上士調御丈夫天人師者以彼天人解甚深義
勤脩正行有力能故餘趣不能故不稱師云仏海者謂畢竟覺
斷一切煩惱所知鄣習氣現等正覺從得无上正等覺及以

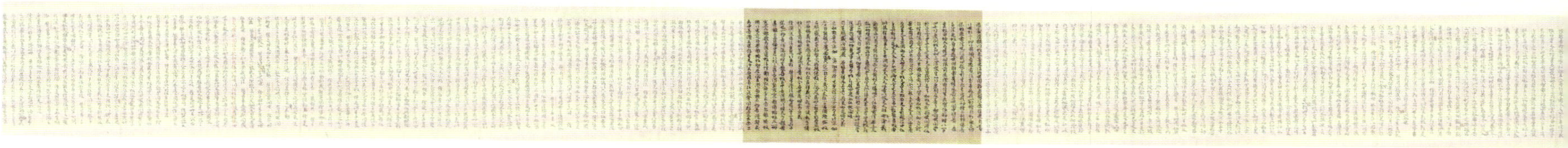

具二智覺曰[illegible]者云世尊[illegible]安坐[illegible]菩提座
任運摧伏一切魔軍大勢力故能破四魔如佛地論說
自在熾盛與端嚴　名稱吉祥及尊貴　具足如是諸六義
應知總名為薄伽　薄伽者聲世梵有具德者名為此薄伽
聲自能破四魔必定具六德一自在義永不繫屬諸煩惱故
二熾盛義炎猛智火所燒煉故三端嚴義卅二相所莊嚴故
四名稱義佛之勝名無不知故五吉祥義恒起方便利樂情
故六尊貴義世出世間咸尊貴故今名世尊闕第五義
經演說正法乃至梵行之相　贊曰下讚法勝妙希有分十二云具十
德世一初善謂聞時生歡喜故二中善謂修行時無諸艱苦
遠離二邊正依中道故三後善謂至究竟離諸垢故及一切
究竟離欲為後善故法性離垢故能學之者二離垢故
修行究竟得果離垢故智度論云讚布施為初善讚持戒
為中善讚二果報生天淨土名後善復說聲聞獨覺大乘

為中善讚二果報生天淨土名後善法說聲聞獨覺大乘三
名三善寶惬經云初善齋集名初善備正道名中善證滅
名後善是名聲聞初中後善若菩提心不念下乘我迴向一切
智是名菩薩初中後善今依瑜伽為正四文巧法云其語巧妙謂
善緝綴名々等故及八語具皆圓滿五義妙法云其義深遠
謂能引發利益安樂故六純一法云純一无雜謂不與一切外道共
故唯佛法之殊外道一切无七圓滿法云具足无限量故亦乃善勝
故義豐且勝故名圓滿八清淨謂自性解脫故一剎那自體
解脫故若法自性解脫九鮮白謂相續解脫故從多剎那一一解
脫故若學之者二解脫故十梵行謂八聖道支藏說名梵行
說名以為藏為因法具八道名梵行以者知此道由法一道等四種
妙相所顯說故是梵行相法中有六純一无雜有七具足光八清有
九白淨如文二解唯義配同新經所說　經為求聲聞者生成
一切種智　讚曰下讚寸利益希有之二廿廿條笑去支不說

法今說三乘故名希有之意音於異文於說三乘之意常須之契
隨其機器說法契之之根性有異故衆生根性有之下中上想知四
諦染淨因果由宿習故名得聲聞想知其十二因緣因果染
勝名得緣覺能行二利想列俱知備以六度究竟作仏名為
菩薩當成種智辟支迦仏陀者 此云獨覺或云辟支 経次復有
仏名頗羅墮 賛曰下第二段後勝妙義論云願見勝妙因
以諸仏菩薩自亦觀之又用勝名性等故名勝妙文有四妙於中分二
一名同妙二姓同妙頗羅墮者婆羅門十八姓中之一姓 経
彌勒菩薩知之初中後善 賛曰此有二妙一號同妙二法同妙勝說
三善貫餘七說 経其最後仏皆有八王子 賛曰下第三段
要陳同多義有五因一又用大因二攝下諸仏轉法輪因三善
堅實如來法輪因四能進入因五憶念因於中有二初一因
仏在宣揚後四因滅後行化之又用大因者論云是時王子受
勝妙樂勿捨出家後彼大衆於亦許時不生疲倦故此解文

勝妙樂爲捨出家後彼大衆求亦許時未生疲惓以故此解文
用因中文之大意有二文用在家欲二出家受之法此文有四宗
相同令二唱滅異六三發成仏記四弘入菩薩示教同令有六无初
序分成就條六同此序品之事此下文第一同令衆成第二是時
日月燈明下同令時成第三說是經已下同令威儀成第四尔時如
來放眉間下同令說因成第五弥勒當知尔時會中有廿億
菩薩下同令欲聞成第六時有菩薩名曰妙光下同令关成同衆成
中有二一在俗二出家在俗有三一標有子二列八名三明王化此
初也法示諸仏必先有子後方出家爲降世間之文樂者故覽
欲樂不可貪故顯仏能具丈夫德故　經一名有意意之八名法
意　贊曰此列八名分爲四雙一天智大悲雙二有了空雙
三進善破惡雙四達有知真雙如次配之　經是八王子王子各
領四天下　贊曰此明王化无一世界有二轉王如何今云各領四
天下今解八子相繼統領非一時也然之義通劫減仏興劫增輪

王方生如何彼仏有子而作輪王以乃上見佶輪帝王四天下第
迦仏窓為金輪王非正王之文劫漸減故由此増至八万歳攝位
方サ弟十劫殊減弥勒方生輪王命去故見弥勒出此報仏
身化仏殊報仏未必於減劫生世故有子得作輪王如光北八子
堅固菩提得入八地故知報仏亦為菩薩先說无量亦為聲聞後
說法花如鼓音王經向弥陀仏有妻子故・經是諸王子至三一
随出家　賛曰下明出家有三一所随真俗二明出塵中三時
遇良縁坐脩福恵此初也捨輪王位如由斯脫麁趣出家如貧
人得寶寛曠无依去羈偶故・經出家大衆亦王皆為法師
賛曰明出塵中也沉出家大以恒勤持戒能宣妙理皆為法
師出家心者住遠梵行者持戒法師者具惠三藏備矣・經王
於千万仏所種諸善本　賛曰得遇良縁坐脩福恵　經是
時日月灯仏所護念　賛曰第三同時成世夫說法花必先說
无量義故名時至未為菩薩說世　經說是經已至身心不動

时日月燈仏所護念　賛曰第二同時成世尊說法名義者說
无量義故名時燈明為菩薩說世　經說是經已燈明入身不動
賛曰下第三同成儀成有三一仏入定二器世間三有情世間
此初也　經是時天雨四花六種震動　賛曰器世間也　經尒時
會中一心觀仏　賛曰此有情世間也　經尒時如來乃至是諸
仏土　賛曰說因成有三一放光二照境三所見如今之所見是諸
仏土是也　經彌勒當知燈明樂欲聞法　賛曰第五同欲聞成
有二一樂欲聞法二欲知光緣此初世間何故釋迦放光瑞四
衆生起樂欲聞法知光因緣故時說法乃至菩薩与今不同者
此依本位而名四衆彼說發心已名菩薩又此舉多者但言四衆
彼舉勝衆故言菩薩下顯中云尒時四部衆乃至是事何因緣
故知影略如經說八十億大衆又舉勝者故又彼要是菩薩化言
四衆根熟化故此要是四衆化化故　經是諸菩薩一切為
因緣　賛曰欲知光因緣推尋本者為意通于知前何　經時有菩薩

八百弟子　贊曰第八同卷成有四傳於眷屬二因說此經三時

短長四大衆安樂比丘也　經是時日月燈明佛至佛所護念

贊曰第十二因說此經釋迦說法花因彌勒等問文殊為答於

此說法花因大衆樂欲妙光為答故經中十六佛從三昧起讚妙

光令喜六因妙光說彼法花又釋迦今說四衆樂聞因舍利子

方說於此法說化菩薩樂聞因妙光方說今佛從定起正告舍利子

聲聞衆中隨緣智慧與佛相忘故彼佛從定起正告妙光菩

菩薩衆中隨緣智慧與佛有忘故為聲聞彼為菩薩說其妙法蓮花

之名教菩薩法佛所護念與無量義經名字不殊但以體義

利頓漸根所望有異報化之殊不名無量義如前之解然彼

求現化諸聲聞之无有失故說化不實化聲聞說緣勝等

正說報佛之無失也　經六十小劫至謂如食頃　贊曰第十二

時等正短長論解說之日月年等為劫故名為小不可別生分別

但是佛觀根機定長時衆樂皆緣之能久待證法樂之心極

但是仏觀根機之時眾樂結使々能久結縱法樂々心極
所以謂如貪瞋如俗觀慕谷有方便𫔭。經是時眾中乜而生懈
倦　贊曰第四大眾安樂法會資持禪悅得樂是法傳々
處坐何得生於懈倦焉懈懶倦疲世有作倦无所忘
經日月燈明至無餘涅槃　贊曰下第合是示義同今此品第
二唱滅畢已仏之入滅果同二乘示現同之二々又无餘而化作故
非唱滅仏門是義以所法故誓示壽見之自息世正二之至羅
魔等者天魔魔羅魔屬魔等此云切勞情脩名有身切勞世號魔羅
門淨行義也。經時有廿廿至不授其記　贊曰第二[illegible]戒
仏記有二一標二記也。此々称世舍持眾善故名德藏。經告諸比
丘至三仏陀　贊曰此授記也多陀阿伽度義如來阿羅訶三
藐義三正義藐等義又三正義仏陀覺義正是如來應正等
覺者々中初二號也後一應含一号仏告比丘諸仏出世必有五事
轉法輪二度父母三無信々人立於信地四未發菩心者令發心廿

時故不說諸。經佛說經已至入無礙 贊曰第十沙彌覆講法

故入藏要於夜中於生死夜說寂靜故號菩薩。經彼衆度後

至為人演說 贊曰第十十支合是之文用大因佛在宣揚目下四因藏

後行化已分為四此初攝下諸佛轉法輪因論云法輪不斷故

經日月燈明佛八子至二菩提 贊曰第十一答堅實業法輪

因世論云佛滅度後先童時說故教化之令其堅固乃入地堅

固乃是不可退義故不可如何今之成佛也彼經所不懷信堅固

故。經是諸王子至皆成佛道 贊曰第十二能進入因論云彼

諸王子值大菩提故供養者備財法行諸佛者一切遇之良緣深

備妙行方成佛故 經其中後成佛者名曰然燈 贊曰第十四境

念因論云為他說法利益他故文分為二八子成佛二八百弟子成

佛此初世理之言此文屬前能進入但以別明成佛者名合入故

經八百弟子至故號求名 贊曰八百弟子成佛分二初除因二

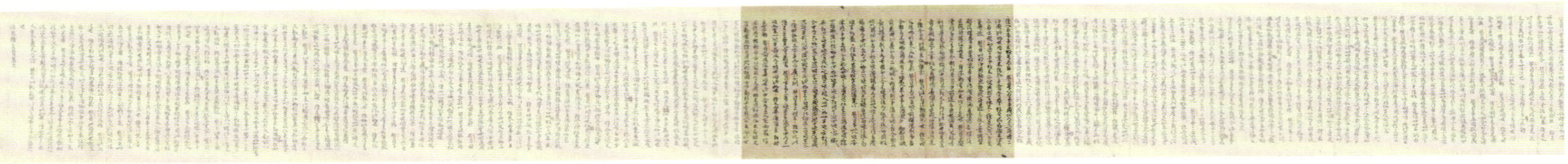

經八百弟子中有一人号求名　贊曰八百弟子成仏之三一條因二
淨國此物世間妙業果殊外多貪著樂故号求名論云故号
求名示現知過去事故不爾便成指斥他失　經是人亦以種善
重讚歎　贊曰此明淨國福惠雙植得遇良緣三業脩習
財法供養身業故意善重語讚歎論云種諸善根故
示現得彼法具足　經彌勒當知色汝身是也　贊曰上委
陳同多菩薩下古今相亡菩薩自身一門遂多因世論云以文殊師
利自身文殊妙樂故此中有二一亡人二亡法此初也安号求名
者示現知過去事故又云種諸善根故示現得彼法具足
經今見此瑞至仏所讚念　贊曰以亡法想結菩薩也　經爾時
文殊師利菩薩入仏智惠　贊曰下有卌三頌前指陳別多古
今相亡未頌初二因後有二頌美菩薩中本二語衆舉　歡知非頌
前義由此遂分為二初卌頌頌指陳別事後三頌頌古今相亡
長行指陳別事分七因分三今不頌復而以等勝妙因故

頌中因位分爲二初二頌〻讚揚希有後卌四頌〻安隱…

揚希有中此文有四初二句歎時次三句頌名次一句頌法後三句

頌世利益 ●經佛未出家時至之隨脩梵行 贊曰下卅頌重

陳同前中文有四分二初九廿頌〻定用大因位至宣揚後九頌除

四因滅後化物中分四初廿頌半頌〻不相同〻次四頌〻唱滅

異正次二頌半頌菩薩成仏記後二頌〻觀入菩薩物菩薩半頌〻示相同

令中有六初一頌〻衆皆次一時衆皆次二頌半慶儀式次半頌半修因成

次一頌半前聞成後四頌〻菩薩成化物世上二句頌在俗後二句頌出家

●經時仏說大乘至而為廣分別 贊曰下第二時衆 ●經仏說此

經已至名無量義處 贊曰下第三有二頌半儀式中分三

頌入定一頌半器及分情世間化物世 ●經天雨曼陀羅至正時

大震動 贊曰器及衆生世間化中合有五入定雨花作

樂供養地動分長行前後各無廣略不同一切諸仏出正時大

震動者五堆日月燈明仏國震動非十方界此云而此世

無佛光　地動……一切諸佛……明大
震動者二惟日月燈明佛國震動非十方界此云而此世
界六種根動故今此燈明佛國一切皆動化身報身下位非
一方一一諸佛　● 經佛放眉間光至万八千佛土　贊曰下十頌半說
因果有三三句放光二句照境九頌半頌如今所見是諸佛土此
於一世　● 經盡一切眾生生死業報處　贊曰下九頌半如今所
見中分五於半頌六趣生三頌見佛一頌聞法一頌見四眾四頌見
菩薩本頌入滅起塔此於世處有六趣報是業因所歸處故我
更須善理善因感善果惡因感惡果如是理故我更
須要所受善惡果之處所也　● 經又見諸佛土至斯由佛光
照　贊曰下三頌見佛分三一見淨土一見供養一正見佛此於世
釋迦光照皆如金色日月燈明流璃頗梨色者欲顯大乘住
一方重故唯金色眾德圓備故種種色……故梵天於流
……精……

頗梨梨力私反智度論云出山石窟中過千年冰化為之西方
暑熱無地無冰何物化焉此但石類處處皆有也 經及見諸天
人至端嚴甚微妙 贊曰此二頌中初見八部供養後見佛也
經如淨琉璃中乃敷演深法義 贊曰此明法世佛放光自暎也
界暎佛此方遥見如淨琉璃中現金像說法 經一一諸佛土聲聞
見彼大衆 贊曰此見四衆 經或有諸比丘至說法求佛道
贊曰此四頌見菩薩種種因緣行解相貌以菩薩道一頌唯解行亂
脩行故一頌勤戒欲顯在家出家並持行菩薩故六六比丘去
梅菩薩精進遍築戒是孝本故物學之一頌施忍二行有施
忍非一類如多故一頌禪定一頌智惠 經爾時四部衆至是事
何因緣 贊曰第五頌問成也前長行云菩薩億菩薩樂欲聞法此
二二四部衆相顯故前標發以此來發問故 經天人所奉尊
唯世能證知 贊曰下四頌第六答成長行如四此文之二初二
頌因見此經後二頌付囑長長映光轉於菩薩歸大衆安樂此

唯此能證知　贊曰：下四頌第六歎成長行，於中四，此文有二，初二
頌因說此經後二頌時菩薩短長映無傳於眷屬大衆安樂此
初世二頌近世始世億從定起能行衆生至菩提位皆世智慧照
達真俗名世聞眼　經世尊既讚歎至必能受持　贊曰：所
菩短長世　經佛說是法花至當入於涅槃　贊曰：上頌端拜曰
今下四頌第二唱滅異說，分二，二唱滅一滅勸一所化一頌大衆悲惱
此初也，化緣既終，便唱今滅　經汝一心精進至億劫時遇
贊曰：此勸化精進，為出世之根；放逸為生死之本，理須修斷。
況乎諸佛億劫方遇，況得遇而不修斷者哉。故經言：諸仏
出現樂，演說正法樂，衆僧和合樂，同修精進樂。　經世尊
諸子等至佛滅一何速　贊曰：大衆悲惱也。世間空虛，衆生
福盡，故生悲惱。　經聖主法之王至安慰勿憂怖　贊曰：下
二頌半第三安慰，於中二，初一頌勸勿生憂，次當來仏可依投，
故示同入滅實常樂，故後一半頌正明授記，此初也　經是德

藏廿五〻在九重乘 贊曰此標記也 經仏此夜換度多已

求无上道 贊曰第四二頌顯入地中前一頌顯入地後一頌見

失〻良鑿精勤慕道 經是妙光法師主〻廣宣法花經

贊曰上廿九頌〻文開大因仏在宣揚下九頌〻條四因識後以

化分四前一頌擧〻下諸仏轉法輪因一頌善賢贊如來法輪因一

次頌能進入因後六頌憶念因此發也 經是諸王子妙光當見

无數仏 贊曰此第二善堅實如來法輪因若依小乘於三

无數劫逢次第逢勝觀於然燈寶髻仏初釋迦牟尼初劫初逢

釋迦牟尼仏更逢七万五千仏第一劫初逢寶髻仏更逢七万

六千仏第二劫初逢然燈仏更逢七万七千仏第三劫滿備相好百劫

業初逢勝觀仏即毗婆尸由趣足讚數底沙超於九劫所以

經中說〻二〻過去九十一劫有毗婆尸仏若依大乘第四依十供養

八恒河沙諸仏始今解廿廿十六分義古來配在第十地中〻〻之末

定只云八恒河沙是第十地世尊常釋云〻〻所劫圓通之白未

八恒河沙諸仏始令解卌卌十六六分義古來配在第十地中云云未
定只云八恒河沙是第十地世真諦釋之初劫過五恒第二
劫逢六恒第三劫逢七恒河沙仏所以今三之時入八地仍二之當見
无數諸仏・經供養諸仏已生持次而授記　賛曰此第三段
進因皆得作仏故・經命終後天中天生度脫无量眾　賛曰
此第四後有六頌境念因等分二初一頌境八子後五頌境八百弟子
此初也・經是妙光法師生号之爲求名　賛曰下五頌境念八
百弟子分二初二頌半頌境樂因後二頌半頌境淨因此初也實
族姓以爲貴妄初者以爲先一切智多廢故号求名具之笑故
如文一可如懈音古隘反懶也惓也息音達亦反之懈疲怠作駘
怠息之疲也懶也惰也第二貪著已得初名第二更求未得
名利族者類也周礼四閭爲族鄭玄百家也・經亦行衆善
業生其數无有量　賛曰頌淨因分二初五句境淨因後
五句境淨果・經彼仏滅度後生今則我身是　賛曰上卌

頌之指後於之下三頌之中初今初已內三初一頌下諸人後一頌諸法

後二頌結成此初也　經我見燈明佛乃至欲說法花經　贊曰此以

法也　經今相如本瑞乃至助發實相義　贊曰此結成也放光

與之覺為之緣皆集衆見此之緣生渴仰起於神變表法非

虛顯從緣容故名放光助實相義　經諸人今當知乃至充足

求道者　贊曰上卅三頌之中下二頌大文第二啓衆勸知

誡衆今說為三初一頌明佛說法雨道身生令進善也後一頌明佛

說法令求道者疑悔皆除斷滅衆患此初也　經諸求三乘

人乃至令盡無有餘　贊曰此斷疑也此後二頌爲大法雨說大法

世

法花經玄贊第二

BD00968　妙法蓮華經玄贊卷二

法花經玄贊第二

BD00968　妙法蓮華經玄贊卷二　（45–45）

BD00969

妙法蓮華經卷五

（後秦）鳩摩羅什 譯

1067.4cm × 25.9cm

願……持讀誦
摩訶薩於後惡世云何能說是經佛告文殊
師利若菩薩摩訶薩於後惡世欲說是經當
安住四法一者安住菩薩行處親近處能爲
衆生演說是經文殊師利云何名菩薩摩訶
薩行處若菩薩摩訶薩住忍辱地柔和善順
而不卒暴心亦不驚又復於法无所行而觀
諸法如實相亦不行不分別是名菩薩摩訶
薩行處云何名菩薩摩訶薩親近處菩薩
摩訶薩不親近國王王子大臣官長不親近諸
外道梵志尼揵子等及造世俗文筆讚詠外
書及路伽耶陀逆路伽耶陀者亦不親近諸
有凶戲相扠相撲及那羅等種種變現之戲
又不親近旃陀羅及畜猪羊雞狗畋獵漁捕

諸悪律儀如是人等或時來者則為說法无
所悕望又不親近求聲聞比丘比丘尼優婆
塞優婆夷亦不問訊若於房中若經行處若
在講堂中不共住止或時來者隨宜說法无
所悕求文殊師利又菩薩摩訶薩不應於女
人身取能生欲想相而為說法亦不樂見若
入他家不與小女處女寡女等共語亦復不
近五種不男之人以為親厚不獨入他家若
有因緣須獨入時但一心念佛若為女人說
法不露齒笑不現胷臆乃至為法猶不親厚
況復餘事不樂畜年少弟子沙弥小兒亦不
樂與同師常好坐禪在於閑處脩攝其心文
殊師利是名初親近處復次菩薩摩訶薩觀
一切法空如實相不顛倒不動不退不轉如
虛空无所有性一切語言道斷不生不出不

虛空无所有性一切語言道斷不生不出不
起无名无相實无所有无量无邊无㝵无障
但以因緣有從顛倒生故說常樂觀如是法
相是名菩薩摩訶薩第二親近處尒時世尊
欲重宣此義而說偈言
若有菩薩　於後惡世　无怖畏心　欲說是經
應入行處　及親近處　常離國王　及國王子
大臣官長　兇險戲者　及旃陁羅　外道梵志
亦不親近　增上慢人　貪着小乘　三藏學者
破戒比丘　名字羅漢　及比丘尼　好戲咲者
深着五欲　求現滅度　諸優婆夷　皆勿親近
若是人等　以好心來　到菩薩所　爲聞佛道
菩薩則以　无所畏心　不懷悕望　而爲說法
寡女處女　及諸不男　皆勿親近　以爲親厚
亦莫親近　屠兒魁膾　田獵魚捕　爲利殺害

販肉自活　衒賣女色　如是之人　皆勿親近
凶險相撲　種種嬉戲　諸婬女等　盡勿親近
莫獨屏處　為女說法　若說法時　无得戲笑
入里乞食　將一比丘　若无比丘　一心念佛
是則名為　行處近處　以此二處　能安樂說
又復不行　上中下法　有為无為　實不實法
亦不分別　是男是女　不得諸法　不知不見
是則名為　菩薩行處　一切諸法　空无所有
无有常住　亦无起滅　是名智者　所親近處
顛倒分別　諸法有无　是實非實　是生非生
在扵閑處　脩攝其身　安住不動　如須彌山
觀一切法　皆无所有　猶如虛空　无有堅固
不生不出　不動不退　常住一相　是名近處
若有比丘　扵我滅後　入是行處　及親近處
說斯經時　无有怯弱　菩薩有時　入扵靜室

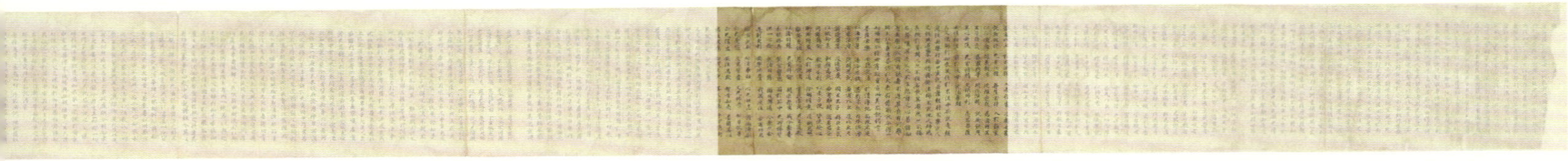

若有比丘　於我滅後　入是行處　及親近處
說斯經時　无有怯弱　菩薩有時　入於靜室
以正憶念　隨義觀法　從禪定起　為諸國王
王子臣民　婆羅門等　開化演暢　說斯經典
其心安隱　无有怯弱　文殊師利　是名菩薩
安住初法　能於後世　說法華經
又文殊師利如來滅後於末法中欲說是經
應住安樂行若口宣說若讀經時不樂說人
及經典過亦不輕慢諸餘法師不說他人好惡
長短於聲聞人亦不稱名說其過惡亦不稱
名讚歎其美又亦不生怨嫌之心善修如
是安樂心故諸有聽者不逆其意有所難
問不以小乘法荅但以大乘而為解說令得一
切種智尒時世尊欲重宣此義而說偈言
菩薩常樂　安隱說法　於清淨地　而施床座

以油塗身　澡浴塵穢　著新淨衣　內外俱淨
安處法座　隨問為說　若有比丘　及比丘尼
諸優婆塞　及優婆夷　國王王子　群臣士民
以微妙義　和顏為說　若有難問　隨義而答
因緣譬喻　敷演分別　以是方便　皆使發心
漸漸增益　入於佛道　除嬾惰意　及懈怠想
離諸憂惱　慈心說法　晝夜常說　无上道教
以諸因緣　无量譬喻　開示衆生　咸令歡喜
衣服臥具　飲食醫藥　而於其中　无所悕望
但一心念　說法因緣　願成佛道　令衆亦尒
是則大利　安樂供養　我滅度後　若有比丘
能演說斯　妙法華經　心无嫉恚　諸惱障礙
亦无憂愁　及罵詈者　又无怖畏　加刀杖等
亦无擯出　安住忍故　智者如是　善修其心
能住安樂　如我上說　其人功德　千万億劫

亦无擯出　安住忍故　智者如是　善脩其心
能住安樂　如我上說　其人功德　千万億劫
筭數譬喻　說不能盡
又文殊師利菩薩摩訶薩於後末世法欲滅
時受持讀誦斯經典者无懷嫉妬諂誑之心
亦勿輕罵學佛道者求其長短若比丘比丘
尼優婆塞優婆夷求聲聞者求辟支佛者求
菩薩道者无得惱之令其疑悔語其人言汝
等去道甚遠終不能得一切種智所以者何
汝是放逸之人於道懈怠故又亦不應戲論
諸法有所諍競當於一切衆生起大悲想於
諸如來起慈父想於諸菩薩起大師想於十
方諸大菩薩常應深心恭敬禮拜於一切衆
生平等說法以順法故不多不少乃至深愛法
者亦不為多說文殊師利是菩薩摩訶薩

法者亦不為多說文殊師利是菩薩摩訶薩
於後末世法欲滅時有成就是第三安樂行
者說是法時无能惱亂得好同學共讀誦是
經亦得大衆而來聽受聽已能持持已能誦
誦已能說說已能書若使人書供養經卷恭
敬尊重讚歎尒時世尊欲重宣此義而說偈
言

若欲說是經　當捨嫉恚慢　諂誑耶偽心　常脩質直行
不輕蔑於人　亦不戲論法　不令他疑悔　云汝不得佛
是佛子說法　常柔和能忍　慈悲於一切　不生懈怠心
十方大菩薩　愍衆故行道　應生恭敬心　是則我大師
於諸佛世尊　生无上父想　破於憍慢心　說法无障礙
第三法如是　智者應守護　一心安樂行　无量衆所敬

又文殊師利菩薩摩訶薩於後末世法欲滅
時有持法華經者於在家出家人中生大慈

又文殊師利菩薩摩訶薩於後末世法欲滅
時有持法華經者於在家出家人中生大慈
心於非菩薩人中生大悲心應作是念如是
之人則為大失如來方便隨宜說法不聞不
知不覺不問不信不解其人雖不問不信不
解是經我得阿耨多羅三藐三菩提時隨在
何地以神通力智慧力引之令得住是法中
文殊師利是菩薩摩訶薩於如來滅後有成
就此第四法者說是法時无有過失常為比
丘比丘尼優婆塞優婆夷國王王子大臣人民
婆羅門居士等供養恭敬尊重讚嘆虛空
諸天為聽法故亦常隨侍若在聚落城邑空
閑林中有人來欲難問者諸天晝夜常為法
故而衛護之能令聽者皆得歡喜所以者何
此經是一切過去未來現在諸佛神力所護

故文殊師利是法華經於无量國中乃至名
字不可得聞何況得見受持讀誦文殊師利
譬如強力轉輪聖王欲以威勢降伏諸國而
諸小王不順其命時轉輪王起種種兵而往
討伐王見兵衆戰有功者即大歡喜隨功賞
賜或與田宅聚落城邑或與衣服嚴身之具
或與種種珍寶金銀琉璃車璖馬瑙珊瑚虎
珀象馬車乘奴婢人民唯髻中明珠不以與
之所以者何獨王頂上有此一珠若以與之
王諸眷屬必大驚怪文殊師利如來亦復如
是以禪定智慧力得法國土王於三界而諸
魔王不肯順伏如來賢聖諸將與之共戰其
有功者心亦歡喜於四衆中為說諸經令其心
悅賜以禪定解脫无漏根力諸法之財又
復賜與涅槃之城言得滅度引導其心令皆

悦賜以禪定解脫无漏根力諸法之財又
復賜與涅槃之城言得滅度引導其心令皆
歡喜而不爲說是法華經文殊師利如轉輪
王見諸兵衆有大功者心甚歡喜以此難信
之珠久在髻中不妄與人而今與之如來亦
復如是於三界中爲大法王以法教化一切
衆生見賢聖軍與五陰魔煩惱魔死魔共戰
有大功勳滅三毒出三界破魔網尒時如來
亦大歡喜此法華經能令衆生至一切智一切
世間多怨難信先所未說而今說之文殊
師利此法華經是諸如來第一之說於諸說
中最爲甚深末後賜與如彼强力之王久護
明珠今乃與之文殊師利此法華經諸佛如
來秘密之藏於諸經中最在其上長夜守護
不妄宣說始於今日乃與汝等而敷演之尒

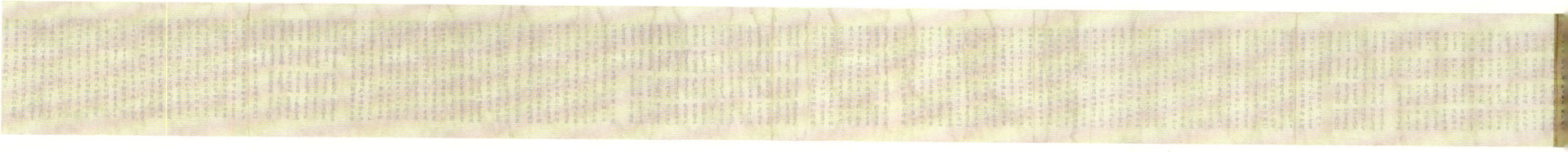

時世尊欲重宣此義而說偈言

常行忍辱　哀愍一切　乃能演說　佛所讚經
後末世時　持此經者　於家出家　及非菩薩
應生慈悲　斯等不聞　不信是經　則為大失
我得佛道　以諸方便　為說此經　令住其中
譬如強力　轉輪之王　兵戰有功　賞賜諸物
象馬車乘　嚴身之具　及諸田宅　聚落城邑
或與衣服　種種珍寶　奴婢財物　歡喜賜與
如有勇健　能為難事　王解髻中　明珠賜之
如來亦爾　為諸法王　忍辱大力　智慧寶藏
以大慈悲　如法化世　見一切人　受諸苦惱
欲求解脫　與諸魔戰　為是眾生　說種種法
以大方便　說此諸經　既知眾生　得其力已
末後乃為　說是法華　如王解髻　明珠與之

末後乃爲 說是法華 如王解髻 明珠與之
此經爲尊 衆經中上 我常守護 不妄開示
今正是時 爲汝等說 我滅度後 求佛道者
欲得安隱 演說斯經 應當親近 如是四法
讀是經者 常无憂惱 又无病痛 顏色鮮白
不生貧窮 卑賤醜陋 衆生樂見 如慕賢聖
天諸童子 以爲給使 刀杖不加 毒不能害
若人惡罵 口則閉塞 遊行无畏 如師子王
智慧光明 如日之照 若於夢中 但見妙事
見諸如來 坐師子座 諸比丘衆 圍繞說法
又見龍神 阿脩羅等 數如恒沙 恭敬合掌
自見其身 而爲說法 又見諸佛 身相金色
放无量光 照於一切 以梵音聲 演說諸法
佛爲四衆 說无上法 見身處中 合掌讚佛

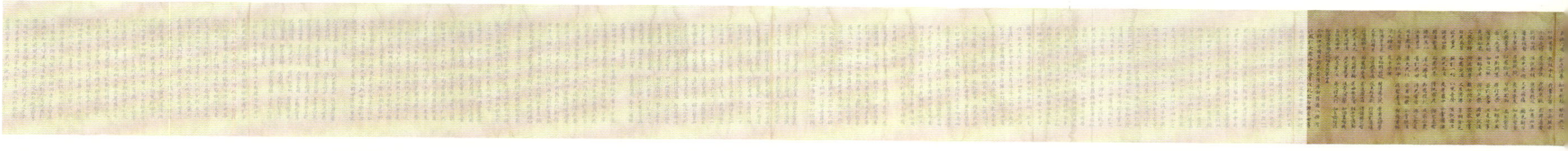

聞法歡喜　而為供養　得陀羅尼　證不退智
佛知其心　深入佛道　即為授記　成最正覺
汝善男子　當於來世　得无量智　佛之大道
國土嚴淨　廣大无比　亦有四衆　合掌聽法
又見自身　在山林中　脩習善法　證諸實相
深入禪定　見十方佛
諸佛身金色　百福相莊嚴　聞法為人說　常有是好夢
又夢作國王　捨宮殿眷屬　及上妙五欲　行詣於道場
在菩提樹下　而處師子座　求道過七日　得諸佛之智
成无上道已　起而轉法輪　為四衆說法　經千万億劫
說无漏妙法　度无量衆生　後當入涅槃　如烟盡燈滅
若後惡世中　說是第一法　是人得大利　如上諸功德

妙法蓮華經從地踊出品第十五

尒時他方國土諸來菩薩摩訶薩過八恒河
沙數於大衆中起立合掌作礼而白佛言世尊

尒時他方国土諸來菩薩摩訶薩過八恒河
沙數於大眾中起立合掌作禮而白佛言世尊
若聽我等於佛滅後在此娑婆世界勤加精
進護持讀誦書寫供養是經典者當於此土
而廣說之尒時佛告諸菩薩摩訶薩眾止善
男子不須汝等護持此經所以者何我娑婆
世界自有六万恒河沙等菩薩摩訶薩一一
菩薩各有六万恒河沙眷屬是諸人等能於
我滅後護持讀誦廣說此經佛說是時娑婆
世界三千大千国土地皆震裂而於其中有
无量千万億菩薩摩訶薩同時踊出是諸菩
薩身皆金色三十二相无量光明先盡在此
娑婆世界之下此界虛空中住是諸菩薩聞
釋迦牟尼佛所說音聲從下發來一一菩薩
皆是大眾唱導之首各將六万恒河沙眷屬

況將五万四万三万二万一万恒河沙等眷
屬者況復乃至一恒河沙半恒河沙四分之
一乃至千万億那由他分之一況復千万億
那由他眷屬況復億万眷屬況復千万百万
乃至一万況復一千一百乃至一十況復將五
四三二一弟子者況復單己樂遠離行如
是等比无量无邊筭數譬喻所不能知是諸
菩薩從地出已各詣虛空七寶妙塔多寶如
來釋迦牟尼佛所到已向二世尊頭面禮足
及至諸寶樹下師子座上佛所亦皆作禮右
繞三帀合掌恭敬以諸菩薩種種讚法而以
讚歎住在一面欣樂瞻仰於二世尊是諸菩
薩摩訶薩從初踊出以諸菩薩種種讚法而
讚於佛如是時間經五十小劫是時釋迦牟
尼佛嘿然而坐及諸四衆亦皆嘿然五十小劫

讚於佛如是時間經五十小劫是時釋迦牟
尼佛嘿然而坐及諸四衆亦皆嘿然五十小劫
佛神力故令諸大衆謂如半日尒時四衆亦
以佛神力故見諸菩薩遍滿无量百千万
億國土虗空是菩薩衆中有四導師一名上
行二名无邊行三名淨行四名安立行是四
菩薩於其衆中最爲上首唱導之師在大衆
前各共合掌觀釋迦牟尼佛而問訊言世尊
少病少惱安樂行不所應度者受教易不不
令世尊生疲勞耶尒時四大菩薩而說偈言
世尊安樂　少病少惱　教化衆生　得无疲惓
又諸衆生　受化易不　不令世尊　生疲勞耶
尒時世尊於菩薩大衆中而作是言如是如
是諸善男子如來安樂少病少惱諸衆生等
易可化度无有疲勞所以者何是諸衆生世世

世已來常受我化亦於過去諸佛供養尊重
種諸善根此諸衆生始見我身聞我所說即
皆信受入如來慧除先脩習學小乘者如是
之人我今亦令得聞是經入於佛慧尒時諸
大菩薩而說偈言
善哉善哉　大雄世尊　諸衆生等　易可化度
能問諸佛　甚深智慧　聞已信行　我等隨喜
於時世尊讚歎上首諸大菩薩善哉善哉善
男子汝等能於如來發隨喜心尒時弥勒菩
薩及八千恒河沙諸菩薩衆皆作是念我等
從昔已來不見不聞如是大菩薩摩訶薩衆
從地踊出住世尊前合掌供養問訊如來時
弥勒菩薩摩訶薩知八千恒河沙諸菩薩等
心之所念并欲自決所疑合掌向佛以偈問
曰

曰

无量千万億　大衆諸菩薩　昔所未曾見　願兩足尊說
是從何所來　以何因緣集　巨身大神通　智慧叵思議
其志念堅固　有大忍辱力　衆生所樂見　爲從何所來
一一諸菩薩　所將諸眷屬　其數无有量　如恒河沙等
或有大菩薩　將六万恒沙　如是諸大衆　一心求佛道
是諸大師等　六万恒河沙　俱來供養佛　及護持此經
將五万恒沙　其數過於是　四万及三万　二万至一万
一千一百等　乃至一恒沙　半及三四分　億万分之一
千万那由他　万億諸弟子　乃至於半億　其數復過上
百万至一万　一千及一百　五十與一十　乃至三二一
單己无眷屬　樂於獨處者　俱來至佛所　其數轉過上
如是諸大衆　若人行籌數　過於恒沙劫　猶不能盡知
是諸大威德　精進菩薩衆　誰爲其說法　教化而成就

從誰初發心　稱揚何佛法　受持行誰經　修習何佛道
如是諸菩薩　神通大智力　四方地震裂　皆從中踊出
世尊我昔來　未曾見是事　願說其所從　國土之名号
我常遊諸國　未曾見是眾　我於此眾中　乃不識一人
忽然從地出　願說其因緣　今此之大會　无量百千億
是諸菩薩等　皆欲知此事　是諸菩薩眾　本末之因緣
无量德世尊　唯願決眾疑
尒時釋迦牟尼佛分身諸佛從无量千万億
他方國土來者在於八方諸寶樹下師子座
上結跏趺坐其佛侍者各各見是菩薩大眾
於三千大千世界四方從地踊出住於虛空各
白其佛言世尊此諸无量无邊阿僧祇菩
薩大眾從何所來尒時諸佛各告侍者諸善
男子且待須臾有菩薩摩訶薩名弥勒釋
迦牟尼佛之所授記次後作佛已問斯事佛今

男子且待須臾有菩薩摩訶薩名弥勒釋
迦牟尼佛之所授記次後作佛已問斯事佛今
荅之汝等自當因是得聞尒時釋迦牟尼佛
告弥勒菩薩善哉善哉阿逸多乃能問佛如
是大事汝等當共一心被精進鎧發堅固意
如來今欲顯發宣示諸佛智慧諸佛自在神
通之力諸佛師子奮迅之力諸佛威猛大勢
之力尒時世尊欲重宣此義而說偈言
當精進一心　我欲說此事　勿得有疑悔　佛智叵思議
汝今出信力　住於忍善中　昔所未聞法　今皆當得聞
我今安慰汝　勿得懷疑懼　佛無不實語　智慧不可量
所得第一法　甚深叵分別　如是今當說　汝等一心聽
尒時世尊說此偈已告弥勒菩薩我今於此
大衆宣告汝等阿逸多是諸大菩薩摩訶薩

无量无數阿僧祇從地踊出汝等昔所未見
者我於是娑婆世界得阿耨多羅三藐三菩
提已教化示導是諸菩薩調伏其心令發道
意此諸菩薩皆於是娑婆世界之下此界虛
空中住於諸經典讀誦通利思惟分別正憶
念阿逸多是諸善男子等不樂在衆多有所
說常樂靜處勤行精進未曾休息亦不依止
人天而住常樂深智无有障礙亦常樂於諸
佛之法一心精進求无上慧尒時世尊欲重宣
此義而說偈言
阿逸汝當知　是諸大菩薩　從无數劫來　脩習佛智慧
悉是我所化　令發大道心　此等是我子　依止是世界
常行頭陀事　志樂於靜處　捨大衆憒鬧　不樂多所說
如是諸子等　學習我道法　晝夜常精進　為求佛道故
在娑婆世界　下方空中住　志念力堅固

BD00969　妙法蓮華經卷五

道法　晝夜常精進　為求佛道故
在娑婆世界　下方空中住　志念力堅固　常懃求智慧
說種種妙法　其心无所畏　我於伽耶城　菩提樹下坐
得成最正覺　轉无上法輪　尒乃教化之　令初發道心
今皆住不退　悉當得成佛　我今說實語　汝等一心信
我從久遠來　教化是等衆
尒時彌勒菩薩摩訶薩及无數諸菩薩等心
生疑惑怪未曾有而作是念云何世尊於少
時間教化如是无量无邊阿僧祇諸大菩薩
令住阿耨多羅三藐三菩提即白佛言世尊
如來為太子時出於釋宮去伽耶城不遠坐
於道場得成阿耨多羅三藐三菩提從是已
來始過四十餘年世尊云何於此少時大作
佛事以佛勢力以佛功德教化如是无量大
菩薩衆當成阿耨多羅三藐三菩提世尊此

大菩薩衆假使有人於千万億劫數不能盡
不得其邊斯等久遠已來於无量无邊諸佛
所植諸善根成就菩薩道常脩梵行世尊
如此之事世所難信譬如有人色美髮黑年
二十五指百歲人言是我子其百歲人亦指年
少言是我父生育我等是事難信佛亦如是
得道已來其實未久而此大衆諸菩薩等已
於无量千万億劫為佛道故勤行精進善入
出住无量百千万億三昧得大神通久脩梵
行善能次第習諸善法巧於問荅人中之寶
一切世間甚為希有今日世尊方云得佛道
時初令發心教化示導令向阿耨多羅三藐
三菩提世尊得佛未久乃能作此大功德事
我等雖復信佛隨宜所說佛所出言未曾虛
妄佛所知者皆悉通達

BD00969　妙法蓮華經卷五

我等雖復信佛隨宜所說佛所出言未曾虛
妄佛所知者皆悉通達然諸新發意菩薩於
佛滅度後若聞是語或不信受而起破法罪業
因緣唯然世尊願為解說除我等疑及未來
世諸善男子聞此事已亦不生疑爾時彌勒
菩薩欲重宣此義而說偈言
佛昔從釋種 出家近伽耶 坐於菩提樹 爾來尚未久
此諸佛子等 其數不可量 久已行佛道 住神通智力
善學菩薩道 不染世間法 如蓮華在水 從地而踊出
皆起恭敬心 住於世尊前 是事難思議 云何而可信
佛得道甚近 所成就甚多 願為除衆疑 如實分別說
譬如少壯人 年始二十五 示人百歲子 髮白而面皺
是等我所生 子亦說是父 父少而子老 舉世所不信
世尊亦如是 得道來甚近 是諸菩薩等 志固無怯弱

從无量劫來　而行菩薩道　巧於難問答　其心无所畏
忍辱心決定　端正有威德　十方佛所讚　善能分別說
不樂在人眾　常好在禪定　為求佛道故　於下空中住
我等從佛聞　於此事无疑　願佛為未來　演說令開解
若有於此經　生疑不信者　即當墮惡道　願今為解說
是无量菩薩　云何於少時　教化令發心　而住不退地

妙法蓮華經如來壽量品第十六

尒時佛告諸菩薩及一切大眾諸善男子汝等當信解如來誠諦之語復告大眾汝等當信解如來誠諦之語又復告諸大眾汝等當信解如來誠諦之語是時菩薩大眾弥勒為首合掌白佛言世尊唯願說之我等當信受佛語如是三白已復言唯願說之我等當信受佛語尒時世尊知諸菩薩三請不止而告之言汝等諦聽如來祕密神通之力一切世

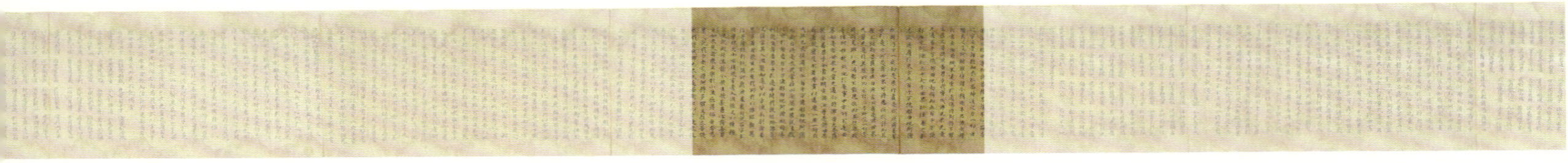

佛語尒時世尊知諸菩薩三請不已而告
之言汝等諦聽如來秘密神通之力一切世
間天人及阿脩羅皆謂今釋迦牟尼佛出釋
氏宫去伽耶城不遠坐於道場得阿耨多羅
三藐三菩提然善男子我實成佛已來无量
无邊百千万億那由他劫譬如五百千万億
那由他阿僧祇三千大千世界假使有人末
為微塵過於東方五百千万億那由他阿僧
祇國乃下一塵如是東行盡是微塵諸善男
子於意云何是諸世界可得思惟校計知其
數不弥勒菩薩等俱白佛言世尊是諸世界
无量无邊非筭數所知亦非心力所及一切聲
聞辟支佛以无漏智不能思惟知其限數我
等住阿惟越致地於是事中亦所不達世

尊如是說世界無量無邊尒時佛告大菩薩
衆諸善男子今當分明宣語汝等是諸世界
若著微塵及不著者盡以為塵一塵一劫我
成佛已來復過於此百千万億那由他阿僧
祇劫自從是來我常在此娑婆世界說法教
化亦於餘處百千万億那由他阿僧祇國導
利衆生諸善男子於是中間我說燃燈佛等
又復言其入涅槃如是皆以方便分別諸善
男子若有衆生來至我所我以佛眼觀其
信等諸根利鈍隨所應度處處自說名字不
同年紀大小亦復現言當入涅槃又以種種
方便說微妙法能令衆生發歡喜心諸善男
子如來見諸衆生樂於小法德薄垢重者為
是人說我少出家得阿耨多羅三藐三菩提
然我實成佛已來久遠若斯但以方便教化

是人說我少出家得阿耨多羅三藐三菩提
然我實成佛已來久遠若斯但以方便教化
衆生令入佛道作如是說諸善男子如來所
演經典皆為度脫衆生或說己身或說他身
或示己身或示他身或示己事或示他事諸
所言說皆實不虛所以者何如來如實知見
三界之相无有生死若退若出亦无在世及
滅度者非實非虛非如非異不如三界見於
三界如斯之事如來明見无有錯謬以諸衆
生有種種性種種欲種種行種種憶想分別
故欲令生諸善根以若干因緣譬喻言辭種
種說法所作佛事未曾暫廢如是我成佛已
來甚大久遠壽命无量阿僧祇劫常住不
滅諸善男子我本行菩薩道所成壽命今猶

未盡復倍上數然今非實滅度而便唱言當
取滅度如來以是方便教化衆生所以者何若
佛久住於世薄德之人不種善根貧窮下賤
貪著五欲入於憶想妄見網中若見如來常
在不滅便起憍恣而懷厭怠不能生難遭之
想恭敬之心是故如來以方便說比丘當知
諸佛出世難可值遇所以者何諸薄德人過
无量百千万億劫或有見佛或不見者以此
事故我作是言諸比丘如來難可得見斯衆
生等聞如是語必當生於難遭之想心懷戀
慕渴仰於佛便種善根是故如來雖不實滅
而言滅度又善男子諸佛如來法皆如是為
度衆生皆實不虛譬如良醫智慧聰達明
練方藥善治衆病其人多諸子息若十二十乃
至百數以有事緣遠至餘國諸子於後飲他

練方藥善治衆病其人多諸子息若十二十乃
至百數以有事緣遠至餘國諸子於後飲他
毒藥藥發悶亂宛轉于地是時其父還來
歸家諸子飲毒或失本心或不失者遥見其
父皆大歡喜拜跪問訊善安隱歸我等愚癡
誤服毒藥願見救療更賜壽命父見子等苦
惱如是依諸經方求好藥草色香美味皆悉
具足擣篩和合與子令服而作是言此大良藥
色香美味皆悉具足汝等可服速除苦惱無
復衆患其諸子中不失心者見此良藥色香
俱好即便服之病盡除愈餘失心者見其父
來雖亦歡喜問訊求索治病然與其藥而不
肯服所以者何毒氣深入失本心故於此好
色香藥而謂不美父作是念此子可愍爲毒

所中心皆顛倒雖見我喜求索救療如是好
藥而不肯服我今當設方便令服此藥即作
是言汝等當知我今衰老死時已至是好良
藥今留在此汝可取服勿憂不差作是教已
復至他國遣使還告汝父已死是時諸子聞
父背喪心大憂惱而作是念若父在者慈愍
我等能救護今者捨我遠喪他國自惟孤
露无復恃怙常懷悲感心遂醒悟乃知此藥
色香味美即取服之毒病皆愈其父聞子悉已
得差尋便來歸咸使見之諸善男子於意
云何頗有人能說此良醫虛妄罪不不也世
尊佛言我亦如是成佛已來无量无邊百千
万億那由他阿僧祇劫為衆生故以方便力
言當滅度亦无有能如法說我虛妄過者尒

言當滅度亦无有能如法說我虛妄過者尒
時世尊欲重宣此義而說偈言
自我得佛来　所經諸劫數　无量百千万　億載阿僧祇
常說法教化　无數億衆生　令入於佛道　尒来无量劫
為度衆生故　方便現涅槃　而實不滅度　常住此說法
我常住於此　以諸神通力　令顛倒衆生　雖近而不見
衆見我滅度　廣供養舍利　咸皆懷戀慕　而生渴仰心
衆生既信伏　質直意柔軟　一心欲見佛　不自惜身命
時我及衆僧　俱出靈鷲山　我時語衆生　常在此不滅
以方便力故　現有滅不滅　餘國有衆生　恭敬信樂者
我復於彼中　為說无上法　汝等不聞此　但謂我滅度
我見諸衆生　沒在於苦惱　故不為現身　令其生渴仰
因其心戀慕　乃出為說法　神通力如是　於阿僧祇劫
常在靈鷲山　及餘諸住處　衆生見劫盡　大火所燒時

我此土安隱　天人常充滿　園林諸堂閣　種種寶莊嚴
寶樹多華菓　衆生所遊樂　諸天擊天鼓　常作衆伎樂
雨曼陀羅華　散佛及大衆　我淨土不毀　而衆見燒盡
憂怖諸苦惱　如是悉充滿　是諸罪衆生　以惡業因緣
過阿僧祇劫　不聞三寶名　諸有脩功德　柔和質直者
則皆見我身　在此而說法　或時為此衆　說佛壽无量
久乃見佛者　為說佛難值　我智力如是　慧光照无量
壽命无數劫　久脩業所得　汝等有智者　勿於此生疑
當斷令永盡　佛語實不虛　如醫善方便　為治狂子故
實在而言死　无能說虛妄　我亦為世父　救諸苦患者
為凡夫顛倒　實在而言滅　以常見我故　而生憍恣心
放逸著五欲　墮於惡道中　我常知衆生　行道不行道
隨應所可度　為說種種法　每自作是意　以何令衆生
得入无上道　速成就佛身

BD00969　妙法蓮華經卷五

得入无上道　速成就佛身

妙法蓮華經分別功德品第十七

尒時大會聞佛說壽命劫數長遠如是无量
无邊阿僧祇衆生得大饒益於時世尊告弥
勒菩薩摩訶薩阿逸多我說是如來壽命長
遠時六百八十万億那由他恒河沙衆生得
无生法忍復千倍菩薩摩訶薩得聞持陁羅
尼門復有一世界微塵數菩薩摩訶薩得
樂說无碍辯才復有一世界微塵數菩薩摩訶
薩得百万億无量旋陁羅尼復有三千大千世
界微塵數菩薩摩訶薩能轉不退法輪復
有二千中國土微塵數菩薩摩訶薩能轉清
淨法輪復有小千國土微塵數菩薩摩訶薩
八生當得阿耨多羅三藐三菩提復有四四

天下微塵數菩薩摩訶薩四生當得阿耨多
羅三藐三菩提復有三四天下微塵數菩薩
摩訶薩三生當得阿耨多羅三藐三菩提復
有二四天下微塵數菩薩摩訶薩二生當得
阿耨多羅三藐三菩提復有一四天下微塵
數菩薩摩訶薩一生當得阿耨多羅三藐三
菩提復有八世界微塵數衆生皆發阿耨多
羅三藐三菩提心佛說是諸菩薩摩訶薩得
大法利時於虛空中雨曼陀羅華摩訶曼陀
羅華以散无量百千万億寶樹下師子座上
諸佛并散七寶塔中師子座上釋迦牟尼
佛及久滅度多寶如來亦散一切諸大菩薩
及四部衆又雨細末栴檀沈水香等於虛空
中天鼓自鳴妙聲深遠又雨千種天衣垂諸

中天鼓自鳴妙聲深遠又雨千種天衣垂諸
瓔珞真珠瓔珞摩尼珠瓔珞如意珠瓔珞遍
於九方衆寶香爐燒无價香自然周至供養
大會一一佛上有諸菩薩執持幡蓋次第而
上至于梵天是諸菩薩以妙音聲歌无量頌
讚歎諸佛尒時彌勒菩薩從座而起偏袒右
肩合掌向佛而説偈言

佛説希有法　昔所未曾聞　世尊有大力　壽命不可量
无數諸佛子　聞世尊分別　説得法利者　歡喜充遍身
或住不退地　或得陁羅尼　或无礙樂説　万億旋總持
或有大千界　微塵數菩薩　各各皆能轉　不退之法輪
或有中千界　微塵數菩薩　各各皆能轉　清淨之法輪
復有小千界　微塵數菩薩　餘各八生在　當得成佛道
復有四三二　如是四天下　微塵諸菩薩　隨數生成佛

或一四天下　微塵數菩薩　餘有一生在　當成一切智
如是等衆生　聞佛壽長遠　得无量无漏　清淨之果報
復有八世界　微塵數衆生　聞佛說壽命　皆發无上心
世尊說无量　不可思議法　多有所饒益　如虛空无邊
雨天曼陁羅　摩訶曼陁羅　釋梵如恒沙　无數佛土來
雨栴檀沉水　繽紛而亂墜　如鳥飛空下　供散於諸佛
天鼓虛空中　自然出妙聲　天衣千万種　旋轉而來下
衆寶妙香爐　燒无價之香　自然悉周遍　供養諸世尊
其大菩薩衆　執七寶幡蓋　高妙万億種　次第至梵天
一一諸佛前　寶幢懸勝幡　亦以千万偈　歌詠諸如來
如是種種事　昔所未曾有　聞佛壽无量　一切皆歡喜
佛名聞十方　廣饒益衆生　一切具善根　以助无上心
尒時佛告弥勒菩薩摩訶薩阿逸多其有衆
生聞佛壽命長遠如是乃至能生一念信解

生聞佛壽命長遠如是乃至能生一念信解
所得功德无有限量若有善男子善女人爲
阿耨多羅三藐三菩提於八十万億那由他劫
行五波羅蜜檀波羅蜜尸羅波羅蜜羼提
波羅蜜毗梨耶波羅蜜禪波羅蜜除般若波
羅蜜以是功德比前功德百分千分百千分
億分不及其一乃至筭數譬喻所不能知若
善男子有如是功德於阿耨多羅三藐三菩
提退者无有是處爾時世尊欲重宣此義
而説偈言
若人求佛慧　於八十万億　那由他劫數　行五波羅蜜
於是諸劫中　布施供養佛　及緣覺弟子　并諸菩薩衆
珎異之飲食　上服與卧具　栴檀立精舍　以園林莊嚴
如是等布施　種種皆微妙　盡此諸劫數　以迴向佛道

若復持禁戒　清淨无缺漏　求於无上道　諸佛之所歎
若復行忍辱　住於調柔地　設眾惡來加　其心不傾動
諸有得法者　懷於增上慢　為此所輕惱　如是亦能忍
若復勤精進　志念常堅固　於无量億劫　一心不懈息
又於无數劫　住於空閑處　若坐若經行　除睡常攝心
以是因緣故　能生諸禪定　八十億万劫　安住心不亂
持此一心福　願求无上道　我得一切智　盡諸禪定際
是人於百千　万億劫數中　行此諸功德　如上之所說
有善男女等　聞我說壽命　乃至一念信　其福過於彼
若人悉无有　一切諸疑悔　深心須臾信　其福為如此
其有諸菩薩　无量劫行道　聞我說壽命　是則能信受
如是諸人等　頂受此經典　願我於未來　長壽度眾生
如今日世尊　諸釋中之王　道場師子吼　說法无所畏
我等未來世　一切所尊敬　坐於道場時　說壽亦如是

我等未來世　一切所尊敬　坐於道場時　說壽亦如是
若有深心者　清淨而質直　多聞能總持　隨義解佛語
如是諸人等　於此无有疑
又阿逸多若有聞佛壽命長遠解其言趣是
人所得功德无有限量能起如來无上之慧何
況廣聞是經若教人聞若自持若教人持
若自書若教人書若以華香瓔珞幢幡繒蓋
香油蘇燈供養經卷是人功德无量无邊能
生一切種智阿逸多若善男子善女人聞我
說壽命長遠深心信解則為見佛常在耆闍
崛山共大菩薩諸聲聞眾圍繞說法又見此
娑婆世界其地琉璃坦然平正閻浮檀金以
界八道寶樹行列諸臺樓觀皆悉寶成其菩
薩眾咸處其中若有能如是觀者當知是為
深信解相又復如來滅後若聞是經而不毀

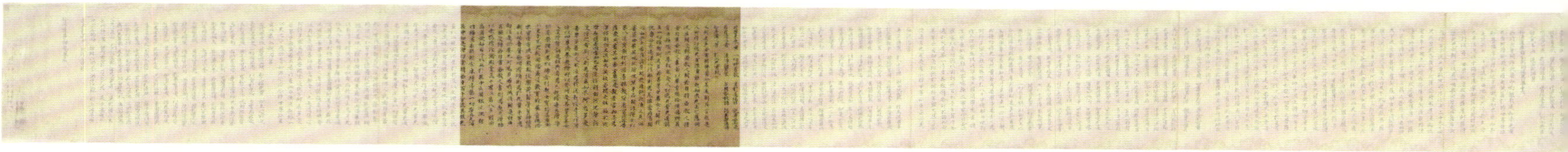

呰起隨喜心當知已爲深信解相何況讀誦
受持之者斯人則爲頂戴如來阿逸多是
善男子善女人不須爲我復起塔寺及作僧
坊以四事供養衆僧所以者何是善男子善女
人受持讀誦是經典者爲已起塔造立僧坊
供養衆僧則爲以佛舍利起七寶塔高廣漸
小至于梵天懸諸幡蓋及衆寶鈴華香瓔珞
末香塗香燒香衆鼓伎樂簫笛箜篌種種儛
戲以妙音聲歌唄讚頌則爲於无量千万億
劫作是供養已阿逸多若我滅後聞是經典
有能受持若自書若教人書則爲起立僧坊
以赤栴檀作諸殿堂三十有二高八多羅樹
高廣嚴好百千比丘於其中止園林流池經
行禪窟衣服飲食床褥湯藥一切樂具充滿
其中如是僧坊堂閣若干百千万億其數无

行禪窟衣服飲食床褥湯藥一切樂具充滿
其中如是僧坊堂閣若干百千万億其數无
量以此現前供養於我及比丘僧是故我說
如來滅後若有受持讀誦為他人說若自書
若教人書供養經卷不須復起塔寺及造僧
坊供養衆僧況復有人能持是經兼行布施
持戒忍辱精進一心智慧其德最勝无量无
邊譬如虛空東西南北四維上下无量无邊
是人功德亦復如是无量无邊疾至一切種智
若人讀誦受持是經為他人說若自書若
教人書復能起塔及造僧坊供養讚歎聲
聞僧亦以百千万億讚歎之法讚歎菩薩功
德又為他人種種因緣隨義解說此法華經
復能清淨持戒與柔和者而共同止忍辱无
瞋志念堅固常貴坐禪得諸深定精進勇猛

攝諸善法利根智慧善答問難阿逸多若我
滅後諸善男子善女人受持讀誦是經典者
復有如是諸善功德當知是人已趣道場近
阿耨多羅三藐三菩提坐道樹下阿逸多是
善男子若坐若立若行處此中便應起塔一
切天人皆應供養如佛之塔尒時世尊欲重
宣此義而說偈言
若我滅度後　能奉持此經　斯人福无量　如上之所說
是則為具足　一切諸供養　以舍利起塔　七寶而莊嚴
表刹甚高廣　漸小至梵天　寶鈴千万億　風動出妙音
又於无量劫　而供養此塔　華香諸瓔珞　天衣眾伎樂
然香油穌燈　周匝常照明　惡世法末時　能持是經者
則為已如上　具足諸供養　若能持此經　則如佛現在
以牛頭栴檀　起僧坊供養　堂有三十二　高八多羅樹

以牛頭栴檀　起僧坊供養　堂有三十二　高八多羅樹
上饌妙衣服　床卧皆具足　百千衆住處　園林諸流池
經行及禪窟　種種皆嚴好　若有信解心　受持讀誦書
若復教人書　及供養經卷　散華香末香　以須曼瞻蔔
阿提目多伽　薰油常然之　如是供養者　得无量功德
如虛空无邊　其福亦如是　況復持此經　兼布施持戒
忍辱樂禪定　不瞋不惡口　恭敬於塔廟　謙下諸比丘
遠離自高心　常思惟智慧　有問難不瞋　隨順為解說
若能行是行　功德不可量　若見此法師　成就如是德
應以天華散　天衣覆其身　頭面接足礼　生心如佛想
又應作是念　不久詣道樹　得无漏无為　廣利諸人天
其所住止處　經行若坐卧　乃至說一偈　是中應起塔
莊嚴令妙好　種種以供養　佛子住此地　則是佛受用
常在於其中　經行及坐卧

BD00969　妙法蓮華經卷五

BD00970

贊僧功德經

題詞辯菩薩　譯

232.1cm × 25.3cm

讚僧功德經

詞辯菩薩譯

阿含經中略集出　歎大德僧聽我說
世尊出廣長舌相　以大梵音讚僧寶
如地堅牢承萬物　住持有情非情類
我末法中出家人　常住僧寶亦如是
諸願擔重不退者　志求菩提證妙果
於濁苦惡世界中　常在如來清淨衆
僧中或有求四果　或以證果在僧中
此等八輩諸上人　和合僧中常不斷
或有頭陀行乞食　或有山間樂寂靜

乃至於微細戒中　不犯如来嚴命教
或有深居學智慧　或有息慮習諸禪
並皆集在僧衆中　猶如百川歸大海
殊勝妙寶大德僧　長養衆生功德種
能與人天勝果者　无過佛法僧寶衆
善心僧中施掬水　獲福多於大海量
微塵尚可有窮期　僧中施報无有盡
若人當来求遠離　越於生死貧窮河
應當速疾志誠心　於僧寶中竪因果
於此衆妙良福田　若有種植功德子
當来収獲无邊畔　由如雲中含大雨
施者不籌量受者　平等奉施无二心
是人方可能堪任　受人天中勝妙果
无量功德具莊嚴　大悲世尊弟子衆

无量功德具庄嚴　大悲世尊弟子衆
凡人肉眼難分別　由如天霞於大上
或有外現犯戒相　內秘无量諸功德
應當信順崇重之　聖賢凡愚不可測
或有外現具威儀　或亦未能捨具欲
外相人觀謂凡夫　不妨內即是具聖
由如四種菴羅果　生熟難分不可別
如來弟子亦如是　有戒无戒亦難辯
是故殷勤歡諸人　不聽毀罵僧寶衆
若欲不沉淪苦海　常當敬重植良田
若欲天中受樂者　亦當供養慈悲僧
勿以凡夫下劣心　分別如來弟子衆
若有清信士女等　能於一念生信心
平等供養慈悲僧　是人獲得无量報

若於僧中起邪見　當來定墮三惡道
世尊親自以梵音　金口弘宣誠不妄
寧以利刀割其舌　或以鉗杵碎其身
不應一念嗔恚心　謗毀如來淨僧衆
寧以吞大熱鐵丸　寧便口中出猛燄
不應戲論以一言　毀罵出家清淨衆
寧以利刀自屠割　殘害支節毀肌膚
不應戲笑調凡愚　何況打罵苾芻衆
寧以自手挑兩目　寧於多劫受生盲
其於習行離欲人　不應惡眼而瞻視
寧毀精舍及剎多　寧焚七寶舍利塔
勿於僧中出惡言　誹謗如來清淨衆
毀塔之人自墮落　經无量劫受諸苦
好說衆僧短長者　自墮亦引无量衆

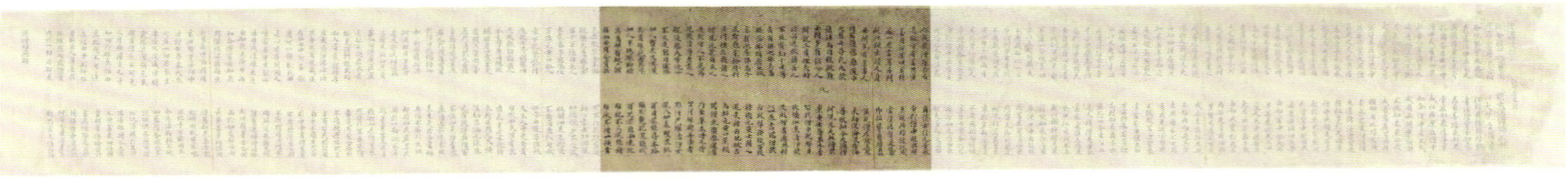

好說衆僧短長者　自道亦行無量衆
是故智者善思量　勿於僧中起輕慢
善自防護口業非　莫謗此持彼犯戒
若一惡言罵沙門　當墮泥犁受衆苦
從地獄出得人身　即招聾盲瘖瘂報
世間多有愚劣人　謗說僧尼諸過惡
因茲墮落惡道中　永劫沉淪沒苦海
大悲世尊礼大衆　尊敬和合大德僧
諸佛尚自致敬慇　何況凡夫輕慢衆
世間多有信心人　崇重世尊弟子者
凡
聞說三寶短長時　恐於僧中起邪見
因此退敗諸善人　毀壞如來清淨衆
不見賢劫千世尊　是故智者應思忖
皆有具迴誰苾蒭　以一惡言罵僧衆

猶落鉢頭磨地獄　舌被犁耕數万段
亦有迦葉佛弟子　謗毀无量世間人
求斯惡業捨殘刑　遂受耕舌地獄苦
沙門懷忿毀諸人　尚招无量口業報
何況无貳自衣人　罵僧免墮惡道者
是故智人不應罵　乃至草木塼瓦等
況毀清淨出家人　習行雖欲善法者
縱使慾火熾燒心　點汙尸羅清淨戒
不久速能自撤除　遂入如來聖衆位
如人暫迷失其道　有目還能尋本路
苾蒭雖犯世尊禁　雖然暫犯還能拭
如人平地蹶脚時　有足還能而速起
苾蒭雖暫缺尸羅　雖犯不久還能補
猶如世間金寶器　雖破其價一種貴

猶如世間金寶器　雖破其價一種貴
木器縱然全不漏　可不壮於破寶器
破禁苾芻雖无戒　初心家出功德勝
百千万億白衣人　功德縱多不及彼
出家弟子能堪任　継嗣如來末代法
万億无量在俗人　不能須臾弘聖教
家下犯禁破戒僧　供養由獲万億報
是故世尊讚勝因　天上人中受尊貴
是故殷勤勸諸人　勿毀如來僧寶衆
今生習惡因緣故　當來業成亦毀佛
緣茲身口意業交　永斷世間人天種
當墮三塗惡道苦　億劫沉淪无休息
若於清衆起正信　无有毀謗名僧罪
常能防護口業過　不談如來僧寶衆

若人於僧有過罪　應須志誠速求懺
於僧勿起憍慢心　來生受苦必當悔
如一刹那有功德　其福不容於大地
何況經月累歲年　堅持如來嚴禁戒
是人持戒功德報　佛於一劫說不盡
況餘凡俗知其邊　福等虛空无有量
當知功德廣莊嚴　釋迦如來僧寶眾
是故不聽在家者　毀辱打罵出家僧
縱見沙門犯戒時　當寬其意勿嫌毀
如入芳蘩採妙華　不應擿選枯枝葉
廣大清淨佛法海　多有持戒精修者
其中縱有犯威儀　白衣不應生毀謗
譬如田中新苗稼　於中亦有稗莠草
應可一種敬良田　不應揀選生分別

應可一種敬良田　不應揀選出家身
是以世尊制諸人　不聽毀謗沙門衆
唯當尊重生敬心　同此受勝諸天報
佛日滅沒雖久遠　僧寶連暉傳法燈
由如龍王降甘雨　大地萌芽普合潤
和合僧寶亦如是　雨於如來妙法雨
潤滋枯渇諸群生　長養善芽功德種
於多劫中宿植因　得爲如來弟子衆
處在賢聖法海中　飲妙解脫甘露味
傳持世尊末代教　流化十方諸國土
利益一切諸衆生　令佛法輪恒不絶
佛法久後滅沒時　伽藍精舍殿成衆
龕塔尊像并荒良　設欲供養難可得
聲盡曾形不可見　何況得聞於正法

人身難得生人中　佛法難聞今已遇
如何於妙良福田　不種當來功德種
冥路懸不可達　當辦資粮備前所
善福田中不種植　當來嶮路乏資粮
是故諸人應善思　聞經僧中應惠施
依經我略讚僧寶　功德无量遍虛空
迴施一切諸群生　願共當來值弥勒

讚僧功德經

BD00971 妙法蓮華經卷二

（後秦）鳩摩羅什 譯

810.6cm × 25.3cm

乃至五百人止住其
落柱根腐敗梁棟傾危
周帀俱時欻然火起焚燒舍宅長者諸子若
十二十或至三十在此宅中長者見是大火
從四面起即大驚怖而作是念我雖能於此
所燒之門安隱得出而諸子等於火宅內樂
著嬉戲不覺不知不驚不怖火來逼身苦痛
切已心不猒患无求出意舍利弗是長者作
是思惟我身手有力當以衣裓若以几案從
舍出之復更思惟是舍唯有一門而復狹小
諸子幼稚未有所識戀著戲處或當墮落為
火所燒我當為說怖畏之事此舍已燒宜時
疾出无令為火之所燒害作是念已如所思
惟具告諸子汝等速出父雖憐愍善言誘喻

而諸子等樂著嬉戲不肯信受不驚不畏了
无出心亦復不知何者是火何者為舍云何
為失但東西走戲視父而已尒時長者即作
是念此舍已為大火所燒我及諸子若不時
出必為所焚我今當設方便令諸子等得免
斯害父知諸子先心各有所好種種珎玩奇異
之物情必樂著而告之言汝等所可玩好希有
難得汝若不取後必憂悔如此種種羊車鹿
車牛車今在門外可以遊戲汝等於此火宅
宜速出來隨汝所欲皆當與汝尒時諸子聞
父所說珎玩之物適其願故心各勇銳互
相推排競共馳走爭出火宅是時長者見
諸子等安隱得出皆於四衢道中露地而坐
无復障礙其心泰然歡喜踊躍時諸子等各
白父言父先所許玩好之具羊車鹿車牛車

无復障礙其心泰然歡喜踊躍時諸子等各
白父言父先所許玩好之具羊車鹿車牛車
願時賜與舍利弗尒時長者各賜諸子等一
大車其車高廣衆寶莊校周帀欄楯四面懸
鈴又於其上張設幰蓋亦以珎奇雜寶而嚴
飾之寶繩交絡垂諸華瓔重敷綩綖安置丹
枕駕以白牛膚色充潔形體姝好有大筋力
行步平正其疾如風又多僕從而侍衛之所
以者何是大長者財富无量種種諸藏悉皆
充溢而作是念我財物无極不應以下劣小
車與諸子等今此幼童皆是吾子愛无偏黨
我有如是七寶大車其數无量應當等心各
各與之不宜差別所以者何以我此物周給
一國猶尚不匱何況諸子是時諸子各乘大
車得未曾有非本所望舍利弗於汝意云何

是長者等與諸子珍寶大車寧有虛妄不舍
利弗言不也世尊是長者但令諸子得免火
難全其軀命非為虛妄何以故若全身命便
為已得玩好之具況復方便於彼火宅而拔濟
之世尊若是長者乃至不與最小一車猶不
虛妄何以故是長者先作是意我以方便令
子得出以是因緣无虛妄也何況長者自知財
富无量欲饒益諸子等與大車佛告舍利
弗善哉善哉如汝所言舍利弗如來亦復如
是則為一切世間之父於諸怖畏衰惱憂
患无明闇蔽永盡无餘而悉成就无量知見
力无所畏有大神力及智慧力具足方便智
慧波羅蜜大慈大悲常无懈惓恒求善事利
益一切而生三界朽故火宅為度衆生生老
病死憂悲苦惱愚癡闇蔽三毒之火教化令

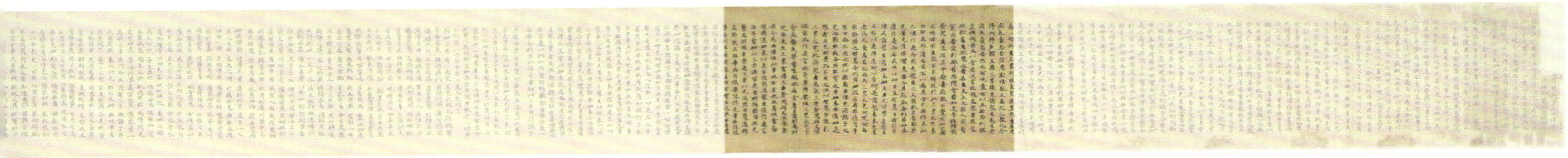

益一切而生三界朽故火宅為度衆生生老
病死憂悲苦惱愚癡闇蔽三毒之火教化令
得阿耨多羅三藐三菩提見諸衆生為生老
病死憂悲苦惱之所燒煮亦以五欲財利故
受種種苦又以貪著追求故現受衆苦後受
地獄畜生餓鬼之苦若生天上及在人間貧
窮困苦愛別離苦怨憎會苦如是等種種諸
苦衆生沒在其中歡喜遊戲不覺不知不驚
不怖亦不生厭不求解脫於此三界火宅東
西馳走雖遭大苦不以為患舍利弗佛見此
已便作是念我為衆生之父應拔其苦難與
无量无邊佛智慧樂令其遊戲舍利弗如來
復作是念若我但以神力及智慧力捨於方
便為諸衆生讚如來知見力无所畏者衆生
不能以是得度所以者何是諸衆生未免生

老病死憂悲苦惱而為三界火宅所燒何由
能解佛之智慧舍利弗如彼長者雖復身手
有力而不用之但以慇勤方便免濟諸子火
宅之難然後各與珎寶大車如來亦復如是
雖有力无所畏而不用之但以智慧方便於
三界火宅拔濟衆生為說三乘聲聞辟支佛
佛乘而作是言汝等莫得樂住三界火宅勿
貪麤弊色聲香味觸也若貪著生愛則為所
燒汝速出三界當得三乘聲聞辟支佛佛乘
我今為汝保任此事終不虛也汝等但當勤
脩精進如來以是方便誘進衆生復作是言
汝等當知此三乘法皆是聖所稱歎自在无
繫无所依求乘是三乘以无漏根力覺道禪
定解脫三昧等而自娛樂便得无量安隱快
樂舍利弗若有衆生内有智性從佛世尊聞

定解脫三昧等而自娛樂便得无量安隱快
樂舍利弗若有衆生内有智性從佛世尊聞
法信受慇懃精進欲速出三界自求涅槃是
名聲聞乘如彼諸子為求羊車出於火宅若
有衆生從佛世尊聞法信受慇懃精進求自
然慧樂獨善寂深知諸法因緣是名辟支佛
乘如彼諸子為求鹿車出於火宅若有衆生
從佛世尊聞法信受勤脩精進求一切智佛
智自然智无師智如來知見力无所畏愍念安
樂无量衆生利益天人度脫一切是名大乘
菩薩求此乘故名為摩訶薩如彼諸子為
求牛車出於火宅舍利弗如彼長者見諸子
等安隱得出火宅到无畏處自惟財富无量
等以大車而賜諸子如來亦復如是為一切
衆生之父若見无量億千衆生以佛教門出

三界怖畏險道得涅槃樂如來尒時便作
是念我有无量无邊智慧力无畏等諸佛法
藏是諸衆生皆是我子等與大乘不令有人
獨得滅度皆以如來滅度而滅度之是諸衆
生脫三界者悉與諸佛禪定解脫等娛樂之
具皆是一相一種聖所稱歎能生淨妙第一
之樂舍利弗如彼長者初以三車誘引諸子
然後但與大車寶物莊嚴安隱第一然彼長
者无虛妄之咎如來亦復如是无有虛妄初
說三乘引導衆生然後但以大乘而度脫之
何以故如來有无量智慧力无所畏諸法之
藏能與一切衆生大乘之法但不盡能受舍
利弗以是因緣當知諸佛方便力故於一佛乘
分別說三佛欲重宣此義而說偈言

分別說三佛欲重宣此義而說偈言
譬如長者 有一大宅 其宅久故 而復頓弊
堂舍高危 柱根摧朽 梁棟傾斜 基陛頹毀
牆壁圮坼 泥塗褫落 覆苫亂墜 椽梠差脫
周障屈曲 雜穢充遍 有五百人 止住其中
鵄梟鵰鷲 烏鵲鳩鴿 蚖蛇蝮蠍 蜈蚣蚰蜒
守宮百足 狖狸鼷鼠 諸惡蟲輩 交橫馳走
屎尿臭處 不淨流溢 蜣蜋諸蟲 而集其上
狐狼野干 咀嚼踐蹋 嚌齧死屍 骨肉狼藉
由是群狗 競來搏撮 飢羸慞惶 處處求食
鬪諍齟掣 啀喍嘷吠 其舍恐怖 變狀如是
處處皆有 魑魅魍魎 夜叉惡鬼 食噉人肉
毒蟲之屬 諸惡禽獸 孚乳產生 各自藏護
夜叉競來 爭取食之 食之既飽 惡心轉熾
鬪諍之聲 甚可怖畏 鳩槃荼鬼 蹲踞土埵

或時離地　一尺二尺　往反遊行　縱逸嬉戲
捉狗兩足　撲令失聲　以脚加頸　怖狗自樂
復有諸鬼　其身長大　裸形黑瘦　常住其中
發大惡聲　叫呼求食　復有諸鬼　其咽如針
復有諸鬼　首如牛頭　或食人肉　或復噉狗
頭髮蓬亂　殘害凶險　飢渴所逼　叫喚馳走
夜叉餓鬼　諸惡鳥獸　飢急四向　窺看窓牖
如是諸難　恐畏无量　是朽故宅　屬于一人
其人近出　未久之間　於後舍宅　欻然火起
四面一時　其焰俱熾　棟梁椽柱　爆聲震裂
摧折墮落　牆壁崩倒　諸鬼神等　揚聲大叫
鵰鷲諸鳥　鳩槃荼等　周章惶怖　不能自出
惡獸毒虫　藏竄孔穴　毗舍闍鬼　亦住其中
薄福德故　為火所逼　共相殘害　飲血噉肉

薄福德故　為火所逼　共相殘害　飲血噉肉
野干之屬　並已前死　諸大惡獸　競來食噉
臭烟烽㶿　四面充塞　蜈蚣蚰蜒　毒虵之類
為火所燒　爭走出穴　鳩槃荼鬼　隨取而食
又諸餓鬼　頭上火燃　飢渴熱惱　周章悶走
其宅如是　甚可怖畏　毒害火災　衆難非一
是時宅主　在門外立　聞有人言　汝諸子等
先因遊戲　來入此宅　稚小无知　歡娛樂著
長者聞已　驚入火宅　方宜救濟　令无燒害
告喻諸子　說衆患難　惡鬼毒虫　災火蔓莚
衆苦次第　相續不絕　毒虵蚖蝮　及諸夜叉
鳩槃荼鬼　野干狐狗　鵰鷲鵄梟　百足之屬
飢渴惱急　甚可怖畏　此苦難處　況復大火
諸子无知　雖聞父誨　猶故樂著　嬉戲不已
是時長者　而作是念　諸子如此　益我愁惱

今此舍宅 无一可樂 而諸子等 躭愐嬉戲
不受我教 将為火害 即便思惟 設諸方便
告諸子等 我有種種 珎玩之具 妙寶好車
羊車鹿車 大牛之車 今在門外 汝等出来
吾為汝等 造作此車 隨意所樂 可以遊戲
諸子聞說 如此諸車 即時奔競 馳走而出
到於空地 離諸苦難 長者見子 得出火宅
住於四衢 坐師子座 而自慶言 我今快樂
此諸子等 生育甚難 愚小无知 而入險宅
多諸毒虫 魑魅可畏 大火猛焰 四面俱起
而此諸子 貪樂嬉戲 我已救之 令得脫難
是故諸人 我今快樂 尒時諸子 知父安坐
皆詣父所 而白父言 願賜我等 三種寶車
如前所許 諸子出来 當以三車 隨汝所欲
今正是時 唯垂給與 長者大富 庫藏衆多

令正是時唯垂給與　長者大富　庫藏衆多
金銀琉璃車𤦲馬瑙　以衆寶物造諸大車
莊校嚴飾周帀欄楯　四面懸鈴金繩交絡
真珠羅網張施其上　金華諸纓處處垂下
衆彩雜飾周帀圍繞　柔軟繒纊以為茵蓐
上妙細疊價直千億　鮮白淨潔以覆其上
有大白牛肥壯多力　形體姝好以駕寶車
多諸儐從而侍衛之　以是妙車等賜諸子
諸子是時歡喜踊躍　乘是寶車遊於四方
嬉戲快樂自在无礙　告舍利弗我亦如是
衆聖中尊世間之父　一切衆生皆是吾子
深著世樂无有慧心　三界无安猶如火宅
衆苦充滿甚可怖畏　常有生老病死憂患
如是等火熾然不息　如來已離三界火宅
寂然閑居安處林野　今此三界皆是我有

其中衆生 悉是吾子 而今此處 多諸患難
唯我一人 能為救護 雖復教詔 而不信受
於諸欲染 貪著深故 是以方便 為說三乘
令諸衆生 知三界苦 開示演說 出世間道
是諸子等 若心決定 具足三明 及六神通
有得緣覺 不退菩薩 汝舍利弗 我為衆生
以此譬喻 說一佛乘 汝等若能 信受是語
一切皆當 得成佛道 是乘微妙 清淨第一
於諸世間 為无有上 佛所悅可 一切衆生
所應稱讚 供養礼拜 无量億千 諸力解脫
禪定智慧 及佛餘法 得如是乘 令諸子等
日夜劫數 常得遊戲 與諸菩薩 及聲聞衆
乘此寶乘 直至道場 以是因緣 十方諦求
更无餘乘 除佛方便 告舍利弗 汝諸人等
皆是吾子 我則是父 汝等累劫 衆苦所燒

皆是吾子 我則是父 汝等累劫 衆苦所燒
我皆濟拔 令出三界 我雖先說 汝等滅度
但盡生死 而實不滅 今所應作 唯佛智慧
若有菩薩 於是衆中 能一心聽 諸佛實法
諸佛世尊 雖以方便 所化衆生 皆是菩薩
若人小智 深著愛欲 爲此等故 說於苦諦
衆生心喜 得未曾有 佛說苦諦 真實无異
若有衆生 不知苦本 深著苦因 不能暫捨
爲是等故 方便說道 諸苦所因 貪欲爲本
若滅貪欲 无所依止 滅盡諸苦 名第三諦
爲滅諦故 脩行於道 離諸苦縛 名得解脫
是人於何 而得解脫 但離虛妄 名爲解脫
其實未得 一切解脫 佛說是人 未實滅度
斯人未得 无上道故 我意不欲 令至滅度
我爲法王 於法自在 安隱衆生 故現於世

汝舍利弗 我此法印 為欲利益 世間故說
在所遊方 勿妄宣傳 若有聞者 隨喜頂受
當知是人 阿鞞跋致 若有信受 此經法者
是人已曾 見過去佛 恭敬供養 亦聞是法
若人有能 信汝所說 則為見我 亦見於汝
及比丘僧 并諸菩薩 斯法華經 為深智說
淺識聞之 迷惑不解 一切聲聞 及辟支佛
於此經中 力所不及 汝舍利弗 尚於此經
以信得入 況餘聲聞 其餘聲聞 信佛語故
隨順此經 非己智分 又舍利弗 憍慢懈怠
計我見者 莫說此經 凡夫淺識 深著五欲
聞不能解 亦勿為說 若人不信 毀謗此經
則斷一切 世間佛種 或復顰蹙 而懷疑惑
汝當聽說 此人罪報 若佛在世 若滅度後
其有誹謗 如斯經典 見有讀誦 書持經者

其有誹謗如斯經典 見有讀誦書持經者
輕賤憎嫉而懷結恨 此人罪報汝今復聽
其人命終入阿鼻獄 具足一劫 劫盡更生
如是展轉至无數劫 從地獄出當墮畜生
若狗野干 其形頊瘦 黧黮疥癩 人所觸嬈
又復為人之所惡賤 常困飢渴 骨肉枯竭
生受楚毒 死被瓦石 斷佛種故 受斯罪報
若作駱駝 或生驢中 身常負重 加諸杖捶
但念水草 餘无所知 謗斯經故 獲罪如是
有作野干 來入聚落 身體疥癩 又无一目
為諸童子之所打擲 受諸苦痛 或時到死
於此死已 更受蟒身 其形長大 五百由旬
聾騃无足 宛轉腹行 為諸小虫之所唼食
晝夜受苦 无有休息 謗斯經故 獲罪如是
若得為人 諸根闇鈍 矬陋攣躄 盲聾背傴

有所言說　人不信受　口氣常臭　鬼魅所著
貧窮下賤　為人所使　多病痟瘦　无所依怙
雖親附人　人不在意　若有所得　尋復忘失
若脩醫道　順方治病　更增他疾　或復到死
若自有病　无人救療　設服良藥　而復增劇
若他反逆　抄劫竊盜　如是等罪　橫羅其殃
如斯罪人　永不見佛　衆聖之王　說法教化
如斯罪人　常生難處　狂聾心亂　永不聞法
於无數劫　如恒河沙　生輒聾瘂　諸根不具
常處地獄　如遊園觀　在餘惡道　如己舍宅
駝驢猪狗　是其行處　謗斯經故　獲罪如是
若得為人　聾盲瘖瘂　貧窮諸衰　以自莊嚴
水腫乾痟　疥癩癰疽　如是等病　以為衣服
身常臭處　垢穢不淨　深著我見　增益瞋恚
婬欲熾盛　不擇禽獸　謗斯經故　獲罪如是

婬欲熾盛　不擇禽獸　謗斯經故　獲罪如是
告舍利弗　謗斯經者　若說其罪　窮劫不盡
以是因緣　我故語汝　无智人中　莫說此經
若有利根　智慧明了　多聞強識　求佛道者
如是之人　乃可為說　若人曾見　億百千佛
殖諸善本　深心堅固　如是之人　乃可為說
若人精進　常脩慈心　不惜身命　乃可為說
若人恭敬　无有異心　離諸凡愚　獨處山澤
如是之人　乃可為說　又舍利弗　若見有人
捨惡知識　親近善友　如是之人　乃可為說
若見佛子　持戒清潔　如淨明珠　求大乘經
如是之人　乃可為說　若人无瞋　質直柔軟
常愍一切　恭敬諸佛　如是之人　乃可為說
復有佛子　於大衆中　以清淨心　種種因緣
譬喻言辭　說法无礙　如是之人　乃可為說

若有比丘　為一切智　四方求法　合掌頂受
但樂受持　大乘經典　乃至不受　餘經一偈
如是之人　乃可為說　如人至心　求佛舍利
如是求經　得已頂受　其人不復　志求餘經
亦未曾念　外道典籍　如是之人　乃可為說
告舍利弗　我說是相　求佛道者　窮劫不盡
如是等人　則能信解　汝當為說　妙法華經

妙法蓮華經信解品第四

爾時慧命須菩提摩訶迦旃延摩訶迦葉
摩訶目揵連從佛所聞未曾有法世尊授舍
利弗阿耨多羅三藐三菩提記發希有心歡
喜踊躍即從座起整衣服偏袒右肩右膝著
地一心合掌曲躬恭敬瞻仰尊顏而白佛言
我等居僧之首年並朽邁自謂已得涅槃无所
堪任不復進求阿耨多羅三藐三菩提世尊

堪任不復進求阿耨多羅三藐三菩提世尊
往昔說法既久我時在座身體疲懈但念空
无相无作於菩薩法遊戲神通淨佛國土成
就衆生心不喜樂所以者何世尊令我等出
於三界得涅槃證又今我等年已朽邁於佛
教化菩薩阿耨多羅三藐三菩提不生一念
好樂之心我等今於佛前聞授聲聞阿耨多
羅三藐三菩提記心甚歡喜得未曾有不謂
於今忽然得聞希有之法深自慶幸獲大善
利无量珎寶不求自得世尊我等今者樂說
譬喻以明斯義譬若有人年既幼稚捨父逃
逝久住他國或十二十至五十歲年既長大
加復窮困馳騁四方以求衣食漸漸遊行遇
向本國其父先來求子不得中止一城其家
大富財寶无量金銀琉璃珊瑚虎珀頗梨珠

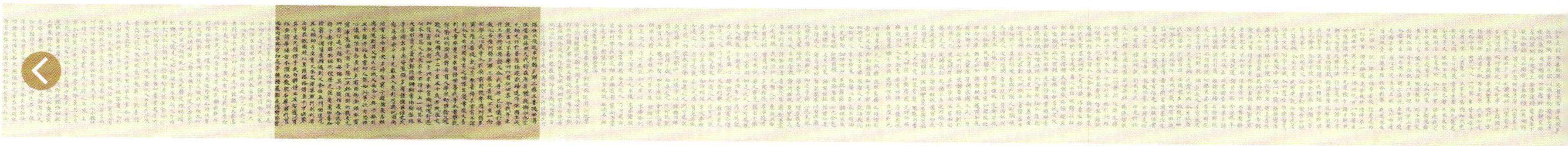

等其諸倉庫悉皆盈溢多有僮僕臣佐吏民
象馬車乘牛羊无數出入息利乃遍他國商
估賈客亦甚眾多時貧窮子遊諸聚落經
歷邑遂到其父所止之城父每念子與子離別
五十餘年而未曾向人說如此事但自思惟
心懷悔恨自念老朽多有財物金銀珍寶
倉庫盈溢无有子息一旦終沒財物散失无
所委付是以慇勤每悔其子復作是念我若
得子委付財物坦然快樂无復憂慮世尊尒
時窮子傭賃展轉遇到父舍住立門側遙見
其父踞師子床寶几承足諸婆羅門刹利居
士皆恭敬圍繞以真珠瓔珞價直千万莊嚴
其身吏民僮僕手執白拂侍立左右覆以寶
帳垂諸華幡香水灑地散眾名華羅列寶
物出內取與有如是等種種嚴飾威德特尊窮

物出内取與有如是等種種嚴飾威德特尊窮
子見父有大力勢即懷恐怖悔来至此竊作是
念此或是王或是王等非我傭力得物之處
不如往至貧里肆力有地衣食易得若久
住此或見逼迫強使我作作是念已疾走而
去時富長者於師子座見子便識心大歡喜
即作是念我財物庫藏今有所付我常思念
此子无由見之而忽自来甚適我願我雖年
朽猶故貪惜即遣傍人急追將還尒時使者
疾走往捉窮子驚愕稱怨大喚我不相犯何
為見捉使者執之愈急強牽將還于時窮子
自念无罪而被囚執此必定死轉更惶怖悶
絶躃地父遥見之而語使言不須此人勿強
將来以冷水灑面令得醒悟莫復與語所以
者何父知其子志意下劣自知豪貴為子所

難審知是子而以方便不語他人云是我子使
者語之我今放汝隨意所趣窮子歡喜得
未曾有從地而起往至貧里以求衣食尒時
長者將欲誘引其子而設方便密遣二人形
色憔悴无威德者汝可詣彼徐語窮子此有
作處倍與汝直窮子若許將來使作若言欲
何所作便可語之雇汝除糞我等二人亦共汝
作時二使人即求窮子既已得之具陳上
事尒時窮子先取其價尋與除糞其父見
子愍而怪之又以他日於窓牖中遥見子身羸
瘦憔悴糞土塵坌汙穢不淨即脫瓔珞細軟
上服嚴飾之具更著麁弊垢膩之衣塵土坌
身右手執持除糞之器狀有所畏語諸作人
汝等勤作勿得懈息以方便故得近其子後
復告言咄男子汝常此作勿復餘去當加汝

復告言咄男子汝常此作勿復餘去當加汝
價諸有所須瓫器米麵塩酢之屬莫自疑難
亦有老弊使人須者相給好自安意我如汝
父勿復憂慮所以者何我年老大而汝少壯
汝常作時无有欺怠瞋恨怨言都不見汝有
此諸惡如餘作人自今已後如所生子即時
長者更與作字名之為兒尒時窮子雖欣此
遇猶故自謂客作賤人由是之故於二十年
中常令除糞過是已後心相體信入出无難
然其所止猶在本處世尊尒時長者有疾自
知將死不久語窮子言我今多有金銀珎寶
倉庫盈溢其中多少所應取與汝悉知之我
心如是當體此意所以者何今我與汝便為
不異宜加用心无令漏失尒時窮子即受教
勑領知衆物金銀珎寶及諸庫藏而无悕取

一飡之意然其所止故在本處下劣之心亦
未能捨復經少時父知子意漸已通泰成就
大志自鄙先心臨欲終時而命其子并會親
族國王大臣剎利居士皆悉已集即自宣言
諸君當知此是我子我之所生於某城中捨
吾逃走跉跰辛苦五十餘年其本字某我名
某甲昔在本城懷憂推覓忽於此間遇會得
之此實我子我實其父今我所有一切財物皆
是子有先所出內是子所知世尊是時窮子
聞父此言即大歡喜得未曾有而作是念
我本无心有所悕求今此寶藏自然而至世
尊大冨長者則是如來我等皆似佛子如來
常說我等為子世尊我等以三苦故於生死
中受諸熱惱迷惑无知樂著小法今日世尊
令我等思惟蠲除諸法戲論之糞我等於中

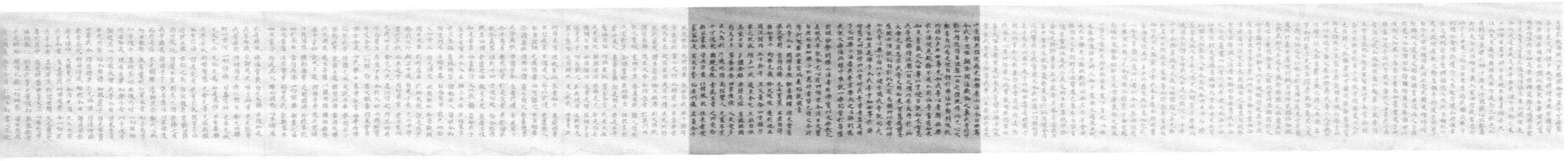

中受諸熱惱迷惑无知樂著小法今日世尊
令我等思惟蠲除諸法戲論之糞我等於中
勤加精進得至涅槃一日之價既得此已心大
歡喜自以為足便自謂於佛法中勤精進故
所得弘多然世尊先知我等心著弊欲樂
於小法便見縱捨不為分別汝等當有如來
知見寶藏之分世尊以方便力說如來智慧
我等從佛得涅槃一日之價以為大得於此
大乘无有志求我等又因如來智慧為諸菩
薩開示演說而自於此无有志願所以者何佛
知我等心樂小法以方便力隨我等說而我
等不知真是佛子今我等方知世尊於佛
智慧无所悋惜所以者何我等昔來真是佛
子而但樂小法若我等有樂大之心佛則為
我說大乘法此經中唯說一乘而昔於菩薩

前毀呰聲聞樂小法者然佛實以大乘教化
是故我等說本无心有所悕求今法王大寶
自然而至如佛子所應得者皆已得之尒時
摩訶迦葉欲重宣此義而說偈言
我等今日 聞佛音教 歡喜踊躍 得未曾有
佛說聲聞 當得作佛 无上寶聚 不求自得
譬如童子 幼稚无識 捨父逃逝 遠到他土
周流諸國 五十餘年 其父憂念 四方推求
求之既疲 頓止一城 造立舍宅 五欲自娛
其家巨富 多諸金銀 車璩馬瑙 真珠琉璃
象馬牛羊 輦轝車乘 田業僮僕 人民衆多
出入息利 乃遍他國 商估賈人 无處不有
千万億衆 圍繞恭敬 常為王者 之所愛念
群臣豪族 皆共宗重 以諸緣故 往來者衆
豪富如是 有大力勢 而年朽邁 益憂念子

豪富如是　有大力勢　而年朽邁　益憂念子
夙夜惟念　死時將至　癡子捨我　五十餘年
庫藏諸物　當如之何　尒時窮子　求索衣食
從邑至邑　從國至國　或有所得　或无所得
飢餓羸瘦　體生瘡癬　漸次經歷　到父住城
傭賃展轉　遂至父舍　尒時長者　於其門內
施大寶帳　處師子座　眷屬圍繞　諸人侍衛
或有計算　金銀寶物　出內財産　注記券疏
窮子見父　豪貴尊嚴　謂是國王　若是王等
驚怖自恠　何故至此　覆自念言　我若久住
或見逼迫　強驅使作　思惟是已　馳走而去
借問貧里　欲往傭作　長者是時　在師子座
遥見其子　嘿而識之　即勑使者　追捉將來
窮子驚喚　迷悶躃地　是人執我　必當見煞
何用衣食　使我至此　長者知子　愚癡狹劣

不信我言 不信是父 即以方便 更遣餘人
眇目矬陋 无威德者 汝可語之 云當相雇
除諸糞穢 倍與汝價 窮子聞之 歡喜隨來
為除糞穢 淨諸房舍 長者於牖 常見其子
念子愚劣 樂為鄙事 於是長者 著弊垢衣
執除糞器 往到子所 方便附近 語令勤作
既益汝價 并塗足油 飲食充足 薦席厚暖
如是苦言 汝當勤作 又以軟語 若如我子
長者有智 漸令入出 經二十年 執作家事
示其金銀 真珠頗梨 諸物出入 皆使令知
猶處門外 止宿草菴 自念貧事 我无此物
父知子心 漸已曠大 欲與財物 即聚親族
國王大臣 剎利居士 於此大衆 說是我子
捨我他行 經五十歲 自見子來 已二十年

國王大臣 刹利居士 於此大衆 說是我子
捨我他行 經五十歲 自見子來 已二十年
昔於某城 而失是子 周行求索 遂來至此
凡我所有 舍宅人民 悉以付之 恣其所用
子念昔貧 志意下劣 今於父所 大獲珎寶
并及舍宅 一切財物 甚大歡喜 得未曾有
佛亦如是 知我樂小 未曾說言 汝等作佛
而說我等 得諸无漏 成就小乘 聲聞弟子
佛勅我等 說冣上道 脩習此者 當得成佛
我承佛教 為大菩薩 以諸因緣 種種譬喻
若干言辭 說无上道 諸佛子等 從我聞法
日夜思惟 精勤脩習 是時諸佛 即授其記
汝於來世 當得作佛 一切諸佛 祕藏之法
但為菩薩 演其實事 而不為我 說斯真要

如彼窮子　得近其父　雖知諸物　心不悕取
我等雖說　佛法寶藏　自无志願　亦復如是
我等內滅　自謂為足　唯了此事　更无餘事
我等若聞　淨佛國土　教化衆生　都无欣樂
所以者何　一切諸法　皆悉空寂　无生无滅
无大无小　无漏无為　如是思惟　不生喜樂
我等長夜　於佛智慧　无貪无著　无復志願
而自於法　謂是究竟　我等長夜　脩習空法
得脫三界　苦惱之患　住最後身　有餘涅槃
佛所教化　得道不虛　則為已得　報佛之恩
我等雖為　諸佛子等　說菩薩法　以求佛道
而於是法　永无願樂　導師見捨　觀我心故
初不勸進　說有實利　如富長者　知子志劣
以方便力　柔伏其心　然後乃付　一切財物

初不勸進　說有實利　如富長者　知子志劣
以方便力　柔伏其心　然後乃付　一切財物
佛亦如是　現希有事　知樂小者　以方便力
調伏其心　乃教大智　我等今日　得未曾有
非先所望　而今自得　如彼窮子　得无量寶
世尊我今　得道得果　於无漏法　得清淨眼
我等長夜　持佛淨戒　始於今日　得其果報
法王法中　久脩梵行　今得无漏　无上大果
我等今者　真是聲聞　以佛道聲　令一切聞
我等今者　真阿羅漢　於諸世間　天人魔梵
普於其中　應受供養　世尊大恩　以希有事
憐愍教化　利益我等　无量億劫　誰能報者
手足供給　頭頂礼敬　一切供養　皆不能報
若以頂戴　兩肩荷負　於恒沙劫　盡心恭敬

又以美膳　无量寶衣　及諸臥具　種種湯藥
牛頭栴檀　及諸珎寶　以起塔廟　寶衣布地
如斯等事　以用供養　於恒沙劫　亦不能報
諸佛希有　无量无邊　不可思議　大神通力
无漏无為　諸法之王　能為下劣　忍于斯事
取相凡夫　隨宜為說　諸佛於法　得最自在
知諸衆生　種種欲樂　及其志力　隨所堪任
以无量喻　而為說法　隨諸衆生　宿世善根
又知成熟　未成熟者　種種籌量　分別知已
於一乘道　隨宜說三

妙法蓮華經卷第二

妙法蓮華經卷第二

BD00972

妙法蓮華經卷六

（後秦）鳩摩羅什 譯

315.8cm × 25cm

是人之功德　无邊无有窮　如十方虛空　不可得邊際
能持是經者　則爲已見我　亦見多寶佛　及諸分身者
又見我今日　教化諸菩薩　能持是經者　令我及分身
滅度多寶佛　一切皆歡喜　十方現在佛　并過去未來
亦見亦供養　亦令得歡喜　諸佛坐道場　所得祕要法
能持是經者　不久亦當得　能持是經者　於諸法之義
名字及言辭　樂說无窮盡　如風於空中　一切无障礙
於如來滅後　知佛所說經　因緣及次第　隨義如實說
如日月光明　能除諸幽冥　斯人行世間　能滅衆生闇
教无量菩薩　畢竟住一乘　是故有智者　聞此功德利
於我滅度後　應受持斯經　是人於佛道　決定无有疑
妙法蓮華經囑累品第二十二
尒時釋迦牟尼佛從法座起現大神力以右手
摩无量菩薩摩訶薩頂而作是言我於无
量百千萬億阿僧祇劫脩習是難得阿耨多

羅三藐三菩提法令以付囑汝等汝等應當一
心流布此法廣令增益如是三摩諸菩薩
摩訶薩頂而作是言我於无量百千萬億
阿僧祇劫脩習是難得阿耨多羅三藐三菩
提法令以付囑汝等汝等當受持讀誦廣宣
此法令一切衆生普得聞知所以者何如来有
大慈悲无諸慳悋亦无所畏能與衆生佛之
智慧如来智慧自然智慧如来是一切衆生
之大施主汝等亦應隨學如来之法勿生慳悋
於未来世若有善男子善女人信如来智慧
者當爲演說此法華經使得聞知爲令其
人得佛慧故若有衆生不信受者當於如来
餘深法中示教利喜汝等若能如是則爲已
報諸佛之恩時諸菩薩摩訶薩聞佛作是說
已皆大歡喜遍滿其身益加恭敬曲躬低頭

已皆大歡喜遍滿其身益加恭敬曲躬低頭
合掌向佛俱發聲言如世尊勑當具奉行唯
然世尊願不有慮諸菩薩摩訶薩衆如是
三反俱發聲言如世尊勑當具奉行唯然世尊
願不有慮尒時釋迦牟尼佛令十方來諸分
身佛各還本土而作是言諸佛各隨所安多
寶佛塔還可如故說是語時十方无量分身
諸佛坐寶樹下師子座上者及多寶佛并上
行等无邊阿僧祇菩薩大衆舍利弗等聲聞
四衆及一切世間天人阿脩羅等聞佛所說
皆大歡喜

妙法蓮華經藥王菩薩本事品第二十三

尒時宿王華菩薩白佛言世尊藥王菩薩云
何遊於娑婆世界世尊是藥王菩薩有若干
百千萬億那由他難行苦行善哉世尊願少

解說諸天龍神夜叉乾闥婆阿修羅迦樓羅
緊那羅摩睺羅伽人非人等又他國土諸來
菩薩及此聲聞眾聞皆歡喜尒時佛告宿王華
菩薩乃往過去无量恒河沙劫有佛號日月
淨明德如來應供正遍知明行足善逝世間
解无上士調御丈夫天人師佛世尊其佛有八
十億大菩薩摩訶薩七十二恒河沙大聲
聞眾佛壽四萬二千劫菩薩壽命亦等彼
國无有女人地獄餓鬼畜生阿脩羅等及以
諸難地平如掌瑠璃所成寶樹莊嚴寶帳
覆上垂寶華幡寶瓶香鑪周遍國界七寶
為臺一樹一臺其樹去臺盡一箭道此諸寶
樹皆有菩薩聲聞而坐其下諸寶臺上各有
百億諸天作天伎樂歌歎於佛以為供養尒
時彼佛為一切眾生憙見菩薩及眾菩薩諸

BD00972　妙法蓮華經卷六

時彼佛為一切衆生憙見菩薩及衆菩薩諸
聲聞衆說法華經是一切衆生憙見菩薩樂習
苦行於日月淨明德佛法中精進經行一心求
佛滿萬二千歲已得現一切色身三昧得此
三昧已心大歡喜即作念言我得現一切色
身三昧皆是得聞法華經力我今當供養
日月淨明德佛及法華經即時入是三昧於虛
空中雨曼陁羅華摩訶曼陁羅華細末堅黑
旃檀滿虛空中如雲而下又雨海此岸旃檀之
香此香六銖價直娑婆世界以供養佛作
是供養已從三昧起而自念言我雖以神力
供養於佛不如以身供養即服諸香旃檀熏
陸兜樓婆畢力迦沈水膠香又飲瞻蔔諸華
香油滿千二百歲已香油塗身於日月淨明
德佛前以天寶衣而自纏身灌諸香油以神
通力願而自然身光明遍照八十億恒河沙

世界其中諸佛同時讚言善哉善哉善男
子是真精進是名真法供養如来若以華香
瓔珞燒香末香塗香天繒幡蓋及海此岸栴檀
之香如是等種種諸物供養所不能及假使
國城妻子布施亦所不及善男子是名第一
之施於諸施中最尊最上以法供養諸如来
故作是語已而各嘿然其身火然千二百歲
過是已後其身乃盡一切衆生憙見菩薩作
如是法供養已命終之後復生日月淨明德
佛國中於淨德王家結跏趺坐忽然化生即
為其父而說偈言
大王今當知　我經行彼處　即時得一切　現諸身三昧
勤行大精進　捨所愛之身
說是偈已而白父言日月淨明德佛今故現
在我先供養佛已得解一切衆生語言陀羅
尼復聞是法華經八百千萬億那由他甄迦

在我先供養佛已得解一切衆生語言陀羅
尼復聞是法華經八百千萬億那由他甄迦
羅頻婆羅阿閦婆等偈大王我今當還供養
此佛白已即坐七寶之臺上昇虛空高七多
羅樹往到佛所頭面礼足合十指爪以偈讚
佛
容顏甚奇妙　光明照十方　我適曾供養　今復還親近
尒時一切衆生憙見菩薩說是偈已而白佛
言世尊世尊猶故在世尒時日月淨明德佛
告一切衆生憙見菩薩善男子我涅槃時到
滅盡時至汝可安施牀座我於今夜當般
涅槃又勑一切衆生憙見菩薩善男子我以
佛法囑累於汝及諸菩薩大弟子并阿耨
多羅三藐三菩提法亦以三千大千七寶世界
諸寶樹寶臺及給侍諸天悉付於汝我滅度
後所有舍利亦付囑汝當流布廣設供養應

起若千千塔如是日月淨明德佛勅一切衆
生憙見菩薩已於夜後分入於涅槃尒時一
切衆生憙見菩薩見佛滅度悲感懊惱戀
慕於佛即以海此岸栴檀為積供養佛身
而以燒之火滅已後收取舍利作八萬四千寶
瓶以起八萬四千塔高三世界表刹莊嚴垂
諸幡蓋懸衆寶鈴尒時一切衆生憙見菩薩
復自念言我雖作是供養心猶未足我今當更
供養舍利便語諸菩薩大弟子及天龍夜
叉等一切大衆汝等當一心念我今供養日月
淨明德佛舍利作是語已即於八萬四千塔
前然百福莊嚴臂七萬二千歲而以供養令
无數求聲聞衆无量阿僧祇人發阿耨多羅
三藐三菩提心皆使得住現一切色身三昧尒
時諸菩薩天人阿脩羅等見其无臂憂惱

時諸菩薩天人阿脩羅等見其无臂憂惱
悲哀而作是言此一切衆生憙見菩薩是我
等師教化我者而今燒臂身不具足于時一
切衆生憙見菩薩於大衆中立此誓言我捨
兩臂必當得佛金色之身若實不虛令我兩
臂還復如故作是誓已自然還復由斯菩薩
福德智慧淳厚所致當尓之時三千大千世
界六種震動天雨寶華一切人天得未曾有
佛告宿王華菩薩於汝意云何一切衆生憙
見菩薩豈異人乎今藥王菩薩是也其所捨
身布施如是无量百千萬億那由他數宿王
華若有發心欲得阿耨多羅三藐三菩提者
能然手指乃至足一指供養佛塔勝以國城
妻子及三千大千國土山林河池諸珎寶物
而供養者若復有人以七寶滿三千大千世

養於佛及大菩薩辟支佛阿羅漢是人
所得功德不如受持此法華經乃至一四句
偈其福最多宿王華譬如一切川流江河諸
水之中海為第一此法華經亦復如是於諸
如來所說經中最為深大又如土山黑山小
鐵圍山大鐵圍山及十寶山眾山之中須彌
山為第一此法華經亦復如是於諸經中最
為其上又如眾星之中月天子最為第一此
法華經亦復如是於千萬億種諸經法中最
為照明又如日天子能除諸暗此經亦復如
是能破一切不善之暗又如諸小王中轉輪
聖王最為第一此經亦復如是於眾經中最
為其尊又如帝釋於三十三天中王此經亦
復如是諸經中王又如大梵天王一切眾生
之父此經亦復如是一切賢聖學无學及
發菩薩心者之父

BD00972　妙法蓮華經卷六

復如是諸經中王又如大梵天王一切衆生
之父此経亦復如是一切賢聖學无學及
發菩薩心者之父又如一切凡夫人中須陁
洹斯陁含阿那含阿羅漢辟支佛為第一此
経亦復如来一切如来所説若菩薩所説若
聲聞所説諸経法中最為第一有能受持是
経典者亦復如是於一切衆生中亦為第一
一切聲聞辟支佛中菩薩為第一此経亦復如
是於一切諸経法中最為第一如佛為諸法
王此経亦復如是諸経中王宿王華此経能
救一切衆生者此経能令一切衆生離諸苦
惱此経能大饒益一切衆生充滿其願如清
涼池能滿一切諸渇之者如寒者得火如裸
者得衣如商人得主如子得母如渡得船如
病得醫如暗得燈如貧得寶如民得王如
賈客得海如炬除暗此法華経亦復如是

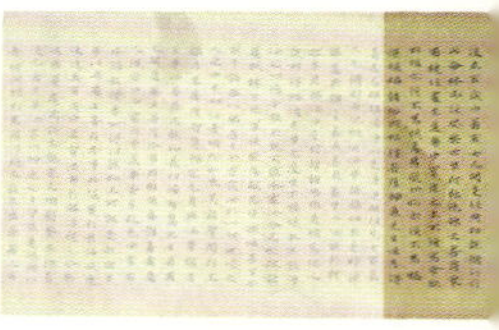

能令衆生離一切苦一切病痛能解一切生死
之縛若人得聞此法華經若自書若使人書
所得功德以佛智慧籌量多少不得其邊若
書是經卷華香瓔珞燒香末香塗香幡蓋
衣服種種之燈蘇燈油燈諸香油燈瞻蔔油燈
須曼油燈波羅羅油燈婆利師迦油燈那婆
摩利油燈供養所得功德亦復无量宿王華
若有人聞是藥王菩薩本事品者亦得无量
无邊功德若有女人聞是藥王菩薩本事品
能受持者盡是女身後不復受若如來滅後
後五百歲中若有女人聞是經典如說脩行於
此命終即往安樂世界阿弥陀佛大菩薩衆
圍繞住處生蓮華中寶座之上不復爲貪欲
所惱亦復不爲瞋恚愚癡所惱亦復不爲憍
慢嫉妬諸垢所惱得菩薩神通无生法忍得

BD00972　妙法蓮華經卷六

慢嫉妬諸垢所惱得菩薩神通无生法忍得
是忍已眼根清淨以是清淨眼根見七百萬
二千億那由他恒河沙等諸佛如來是時諸
佛遥共讚言善哉善哉善男子汝能於釋
迦牟尼佛法中受持讀誦思惟是經為他人
說所得福德无量无邊火不能燒水不能漂
汝之功德千佛共說不能令盡汝今已能破諸
魔賊壞生死軍諸餘怨敵悉皆摧滅善男子
百千諸佛以佛通力共守護汝於一切世間天
人之中无如汝者唯除如來其諸聲聞辟支
佛乃至菩薩智慧禪定无有與汝等宿者
王華此菩薩成就如是功德智慧之力若有
人聞是藥王菩薩本事品能隨喜讚善者是
人現世口中常出青蓮華香身孔毛中常出
牛頭旃檀香所得功德如上所說是故宿王

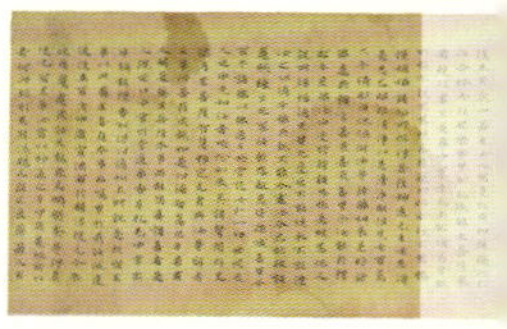

華以此藥王菩薩本事品囑累於我汝滅度
後後五百歲中廣宣流布於閻浮提无令斷
絶惡魔魔民諸天龍夜叉鳩槃茶等得其
便也宿王華汝當以神通之力守護是經所以
者何此經則為閻浮提人病之良藥若人有

BD00973 金光明最勝王經卷三

（唐）義净 譯

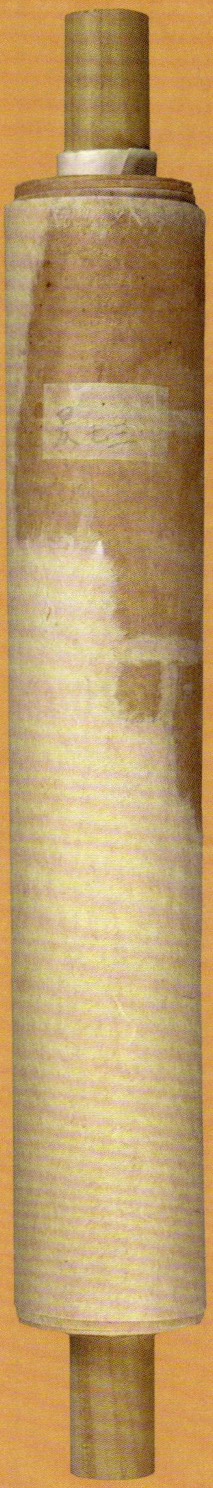

555.6cm × 25.5cm

佛告天帝
欲爲无量
隐世間福利一切若
者應當策勵晝夜六時
合掌恭敬一心專念口自說
十方一切諸佛已得阿耨
者轉妙法輪持照法輪雨大法
吹大法螺建大法幢秉大法炬
樂諸衆生故常行法施誘進群迷
果證常樂故如是等諸佛世尊以身語意稽
首歸誠至心礼敬彼諸世尊以真實慧以真
實眼真實證明真實平等悉知悉見一切
衆生善惡之業我從无始生死以来随惡流轉共
諸衆生造業障罪爲貪瞋癡之所纏縛未識

佛時非諦法時非諦僧時非諦善惡由身語
意造无間罪惡心出佛身血誹謗正法破和
合僧殺阿羅漢殺害父母身三語四意三種
行造十惡業自作教他見作隨喜於諸善
人橫生毀謗斗秤欺誑以僞爲真不淨飲食
施與一切於六道中所有父母更相惱害或盜
窣堵波物四方僧物現前僧物自在而用
世尊法律不樂奉行師長教示不相隨順見
行聲聞獨覺大乘行者喜生罵辱令諸行
人心生悔惱見有勝己便懷嫉妬法施財施常
生慳惜无明所覆邪見惑心不脩善因令惡
增長於諸佛所而起誹謗法說非法非法說
法如是衆罪佛以真實慧真實眼真實證
明真實平等悲知悲見我今歸命對諸佛
前皆悉發露不敢覆藏未作之罪更不復作

前皆悉發露不敢覆藏未作之罪更不復作
已作之罪今皆懺悔所作業障應墮惡道地獄
傍生餓鬼之中阿蘇羅衆及八難處願我此
所有業障皆得消滅所有惡報未來不受亦
如過去諸大菩薩脩菩提行所有業障悉已
懺悔我之業障今亦懺悔皆悉發露不敢覆
藏已作之罪願得除滅未來之惡更不敢造
亦如未來諸大菩薩脩菩提行所有業障悉
懺悔我之業障今亦懺悔皆悉發露不敢覆
藏已作之罪願得除滅未來之惡更不敢造
亦如未來諸大菩薩脩菩提行所有業障
悉已懺悔我之業障今亦懺悔皆悉發露不敢
覆藏已作之罪願得除滅未來之惡更不敢
造亦如現在十方世界諸大菩薩脩菩提行
所有業障悉已懺悔我之業障今亦懺悔皆

悲發露不敢覆藏已作之罪願得除滅未來
之惡更不敢造
善男子以是因緣若有造罪一剎那中不得
覆藏何況一日一夜乃至多時若有犯罪欲
求清淨心懷媿恥信於未來必有惡報生大
恐怖應如是懺如人被火燒頭燒衣救令速
滅火若未滅心不得安若人犯罪亦復如是
即應懺悔令速除滅若有願生富樂之家多
饒財寶復欲發意修習大乘亦應懺悔滅除
業障欲生豪貴婆羅門種剎帝利家及轉輪
王七寶具足亦應懺悔滅除業障
善男子若有欲生四大王眾三十三天夜摩
天覩史多天樂變化天他化自在天亦應懺
悔滅除業障若欲生梵眾梵輔大梵天少光
无量光極光淨天少淨天无量淨遍淨天无雲

BD00973　金光明最勝王經卷三

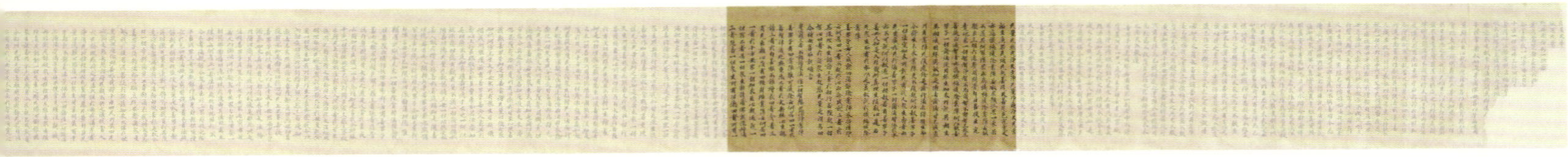

无量光極光淨天少淨无量淨遍淨天无雲
福生廣果无煩无熱善現天善見色究竟天
亦應懺悔滅除業障若欲求預流果一來果
不還果阿羅漢果亦應懺悔滅除業障若欲
願求三明六通聲聞獨覺自在菩提至究
竟地求一切智智淨智不思議智不動智三藐三
菩提正遍智者亦應懺悔滅除業障何以故善
男子一切諸法從因緣生如來所說異相生
異相滅因緣異故如是過去諸法皆已滅盡
所有業障无復遺餘是諸行法未得現生而
今得生未來業障更不復起何以故善男子
一切法空如來所說无有我人衆生壽者亦
无生滅亦无行法善男子一切諸法皆依於本
亦不可說何以故過一切相故若有善男子
善女人如是入非微妙真理生信敬心是名

无衆生所有於本以是義故說於懺悔滅除
業障
善男子若人成就四法能除業障永得清淨
云何爲四一者不起邪心正念成就二者於
甚深理不生誹謗三者於初行菩薩起一切
智心四者於諸衆生起慈无量是謂爲四
尒時世尊而說頌言
專心護三業　不誹謗深法　作一切智想　慈心淨業障
善男子有四業障難可滅除云何爲四一者於
菩薩律儀犯極重惡二者於大乘經心生誹
謗三者於自善根不能增長四者貪著三
有无出離心復有四種對治業障云何爲四
一者於十方世界一切如來至心親近說一
切罪二者爲一切衆生勸請諸佛說深妙法
三者隨喜一切衆生所有功德四者所有一

三者隨喜一切衆生所有功德四者所有一
切功德善根悉皆迴向阿耨多羅三藐三菩
根尒時天帝釋白佛言世尊世間所有男子
女人於大乘行有能行者有不行者云何能
得隨喜一切衆生功德善根佛言善男子若
有衆生雖於大乘未能脩習然於晝夜六時
偏袒右肩右膝著地合掌恭敬一心專念作
隨喜時得福无量應作是言十方世界一切
衆生現在脩行施戒心慧我今皆悉深生隨
喜由作如是隨喜福故必當獲得尊重殊
勝无上无等寂妙之果如是過去未來一切
衆生所有善根皆悉隨喜又於現在初行
菩薩發菩提心所有功德過百大劫行菩薩
行有大功德獲无生忍至不退轉一生補處
如是一切功德之蘊皆悉至心隨喜讚歎過去

未來一切菩薩所有功德隨喜讚歎亦復如是
復於現在十方世界一切諸佛應正遍知證
妙菩提為度无邊諸衆生故轉无上法輪行
无礙法施擊法鼓吹法螺建法幢雨法雨哀愍
勸化一切衆生咸令信受皆蒙法施悉得充
足无盡安樂又復所有菩薩聲聞獨覺功
德積集善根若有衆生未具如是諸功德
者悉令具足我皆隨喜如是過去未來諸
佛菩薩聲聞獨覺所有功德亦皆至心隨喜
讚歎善男子如是隨喜當得无量功德之聚
如恒河沙三千大千世界所有衆生皆斷煩
惱成阿羅漢若有善男子善女人盡其形
壽以上妙衣服飲食臥具醫藥而為供養如
是功德不及如前隨喜功德千分之一何以
故供養功德有數有量不攝一切諸功德故

故供養功德有數有量不攝一切諸功德故
隨喜功德无量无數能攝三世一切功德是故
若人欲求增長勝善根者應脩如是隨喜
功德若有女人願轉女身爲男子者亦應脩
習隨喜功德必得心現成男子尒時天帝釋
白佛言世尊已知隨喜功德勸請功德唯
願爲說欲令未來一切菩薩當轉法輪現
在菩薩正脩行故佛告帝釋若有善男子
善女人願求阿耨多羅三藐三菩提者應當
脩行聲聞獨覺大乘之道是人當於晝夜
六時如前威儀一心專念作如是言我今歸依
十方一切諸佛世尊已得阿耨多羅三藐三菩提
未轉无上法輪欲捨報身入涅槃者我皆至
誠頂礼勸請轉大法輪雨大法雨然大法燈照
明理趣施无礙法莫般涅槃久住於世度脫安

樂一切衆生如前所說乃至无盡安樂我今以
此勸請功德迴向阿耨多羅三藐三菩提如
過去未來現在諸大菩薩勸請功德迴向菩
提我亦如是勸請功德迴向无上正等菩提
善男子假使有人以三千大千世界滿中七寶
供養如來若復有人勸請如來轉大法輪
所得功德其福勝彼何以故彼是財施此是
法施善男子且置三千大千世界七寶布施
若人以滿恒河沙數大千世界七寶供養一
切諸佛勸請功德亦勝於彼由其法施有五
勝利云何為五一者法施兼利自他財施不
尒二者法施能令衆生出於三界財施之福
不出欲界三者法施能淨法身財施但唯增
長於色四者法施无窮財施有盡五者法施
能斷无明財施唯伏貪愛是故善男子勸

能斷无明財施唯伏貪愛是故善男子勸
請功德无量无邊難可譬喻如我昔行菩薩
道時勸請諸佛轉大法輪由彼善根是故今
日一切帝釋諸梵王等勸請於我轉大法輪
善男子請轉法輪為欲度脫安樂諸眾生
故我於往昔為菩提行勸請如來久住於世
莫般涅槃依此善根我得十力四无所畏四无
礙辯大慈大悲證得无數不共之法我當入
於无餘涅槃我之正法久住於世我法身者
淨清无比種種妙相无量智慧无量自在无
量功德難可思議一切眾生皆蒙利益百千
万劫說不能盡法身攝藏一切諸法一切諸法
不攝法身法身常住不墮常見雖復斷滅
亦非斷見能破眾生種種異見能生眾生種
種真見能解一切眾生之縛无縛可解能植

衆生諸善根本未成熟者令成熟已成熟者
令解脫无作无動遠離闇鬧寂靜无為自在
安樂過於三世能現三世出於聲聞獨覺之
境諸大菩薩之所脩行一切如來體无有異此
等皆由勸請功德善根力故如是法身我今
已得是故若有欲得阿耨多羅三藐三菩提
者於諸經中一句一頌為人解說功德善根
尚无限量何況勸請如來轉大法輪久住於
世莫般涅槃
時天帝釋復白佛言世尊若善男子善女
人為求阿耨多羅三藐三菩提故脩三乘道
所有善根云何迴向一切智智佛告天帝善
男子若有衆生欲求菩提脩三乘道所有善
根願迴向者當於晝夜六時慇重至心作如是
說我從无始生死以來於三寶所脩行成就

[illegible]
說我從无始生死以來於三寶所脩行成就
所有善根乃至施與傍生一摶之食或以善
言和解諍訟或受三歸友諸學處或復懺
悔勸請隨喜所有善根我今作意悉皆攝
取迴施一切衆生无悔恡心是解脫分善根所
攝如佛世尊之所知見不可稱量无礙清淨
如是所有功德善根悉以迴施一切衆生不
住想心不捨相心我亦如是功德善根悉以迴
施一切衆生願皆獲得如意之手掬空出寶
滿衆生願富樂无盡智慧无窮妙辯才悉
皆无滞共諸衆生同證阿耨多羅三藐三菩
提得一切智因此善根更復出生无量善法
亦皆迴向无上菩提又如過去諸大菩薩脩
行之時功德善根悉皆迴向一切種智現在

於未來亦復如是然我所有功德善根亦皆迴
向阿耨多羅三藐三菩提是諸善根願共一
切衆生俱成正覺如餘諸佛坐於道場菩提
提樹下不可思議无礙清淨住於无盡法藏
陁羅尼首楞嚴定破魔波旬无量兵衆應
見覺知應可通達如是一切一剎那中悉皆照
了於後夜中獲甘露法證甘露義我及衆生
願皆同證如是妙覺猶如
无量壽佛　勝光佛　妙光佛　阿閦佛
功德善光佛　師子光明佛　百光明佛　網光明佛
寶相佛　寶焰佛　焰明佛　焰盛光明佛
吉祥上王佛　微妙聲佛　妙莊嚴佛　法幢佛
上勝身佛　可愛色身佛　光明遍照佛　梵淨王佛
上性佛
如是等如來應正遍知過去未來及以現在

如是等如來應正遍知過去未來及以現在
示現應化得阿耨多羅三藐三菩提轉无上
法輪爲度衆生我亦如是廣說如上
善男子若有淨信男子女人於此金光明最
勝經王滅業障品受持讀誦憶念不忘爲他
廣說得无量无邊大功德聚譬如三千大千
世界所有衆生一時皆得成就人身得人身
已成獨覺道若有男子女人盡其形壽恭
敬尊重四事供養一一獨覺各施七寶如弥
須山此諸獨覺入涅槃後皆以珎寶起塔供
養其塔高廣十二瑜繕那以諸花香寶幢
幡蓋常爲供養善男子於意云何是人所獲
功德寧爲多不天帝釋言甚多世尊善男子
若復有人於此金光明微妙經典衆經之王滅業
障品受持讀誦憶念不忘爲他廣說所獲

功德於前所說供養功德百分不及一百千万
億分乃至挍量譬喻所不能及何以故是善
男子善女人住正行中勸請十方一切諸佛
轉无上法輪皆為諸佛歡喜讚歎善男子
如我所說一切施中法施為勝是故善男子於
三寶所設諸供養不可為比勸受三歸持一
切戒无有毀犯三業不空不可為比一切世界
一切衆生隨力隨能隨所願樂於三乘中勸
發菩提心不可為比於三世中一切世界所
有衆生皆得无礙速令成就无量功德不
可為比三世剎土一切衆生令无障礙得三
菩提不可為比三世剎土一切衆生勸令速
出四惡道苦不可為比三世剎土一切衆生勸
令除滅極重惡業不可為比一切苦惱勸令
解脫不可為比一切怖畏苦惱逼切皆令

……比一切苦惱勸令
解脫不可爲比一切怖畏苦惱逼切皆令
得解不可爲比三世佛前一切衆生所有功
德勸令隨喜發菩提願不可爲比勸除惡行
罵辱之業一切功德皆願成就所在生中勸
請供養尊重讚歎一切三寶勸請衆生淨
脩福行成滿菩提不可爲比是故當知勸請
一切世界三世三寶勸請滿足六波羅蜜勸
請轉於无上法輪勸請住世經无量劫演說无
量甚深妙法功德甚深无能比者
尒時天帝釋及恒河女神无量梵王四大天
衆從座而起偏袒右肩右膝著地合掌頂
礼白佛言世尊我等皆得聞是金光明寂
勝王經今悉受持讀誦通利爲他廣說依此
法住何以故世尊我等欲求阿耨多羅三藐
三菩提隨順此義種種勝相如法行故尒時

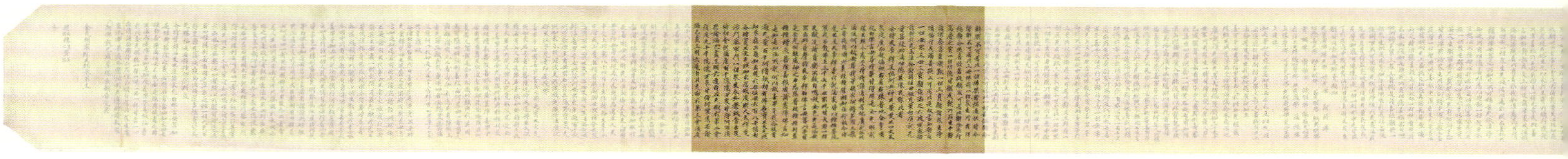

梵王及天帝釋等於說法處皆以種種曼陁
羅花而散佛上三千大千世界地皆大動一切
天鼓及諸音樂不鼓自鳴放金色光遍滿世
界出妙音聲時天帝釋白佛言世尊此等皆
是金光明經威神之力慈悲普救種種利益
種種增長菩薩善根滅諸業障佛言如
是如是如汝所說何以故善男子我念往昔
過无量百千阿僧祇劫有佛名寶王大光照
如來應正遍知出現於世住世六百八十億劫
尒時寶王大光照如來為欲度脫人天釋梵
沙門婆羅門一切衆生令安樂故當出現
時初會說法度百千億億万衆皆得阿羅漢
果諸漏已盡三明六通自在无礙於第二會
復度九十千億億万衆皆得阿羅漢果諸
漏已盡三明六通自在无礙於第三會復度

BD00973　金光明最勝王經卷三

漏已盡三明六通自在无礙於第三會復度
九十八千億億万衆皆得阿羅漢果圓滿如
上善男子我於尒時作女人身名福寶光明
於第三會親近世尊受持讀誦是金光
明經為他廣說求阿耨多羅三藐三菩提故
時彼世尊為我授記此福寶光明女於未来世
當得作佛号釋迦牟尼如来應正遍知明行
足善逝世間解无上士調御丈夫天人師佛
世尊捨女身後從是以来越四惡道生人天
中受上妙樂八十四百千生作轉輪王至于今
日得成正覺名稱普聞遍滿世界時會大衆
忽然皆見寶王大光照如来轉无上法輪說微
妙法善男子去此娑訶世界東方過百千恒
河沙數佛土有世界名寶莊嚴其寶王大光

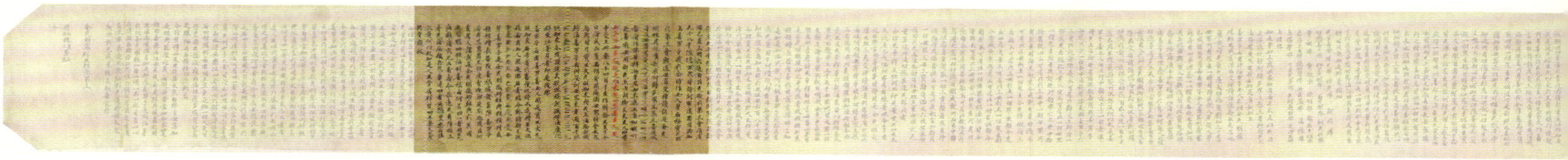

照如來今現在彼未般涅槃說微妙法廣化
群生汝等見者即是彼佛
善男子若有善男善女人聞是寶王大光
照如來名号者於菩薩地得不退轉至大涅
槃若有女人聞是佛名者臨命終時得見彼
佛來至其所既見佛已究竟不復更受女
身善男子是金光明微妙經典種種利益
種種增長菩薩善根滅諸業障善男子
若有苾芻苾芻尼鄔波索迦鄔波斯迦隨在何
處為人講說是金光明微妙經典於其國
土皆獲四種福利善根云何為四一者國王無
病離諸災厄二者壽命長遠無有障礙三
者無諸怨敵兵衆勇健四者安隱豐樂正法
流通何以故如是人王常為釋梵四王藥叉之衆
共守護故

BD00973　金光明最勝王經卷三

共守護故
爾時世尊告天衆曰善男子是事實不是時
无量釋梵四王及藥叉衆俱時同聲益世尊
言如是如是若有國土講宣讀誦此妙經
王是諸國主我等四王常來擁護行住共
俱其王若有一切災障及諸怨敵我等四王
皆使消殄憂愁疾疫亦令除差增益壽
命感應禎祥所願遂心恒生歡喜我等亦能
令國中所有軍兵悉皆勇健佛言善哉善哉
善男子如汝所説汝當脩行何以故是諸國
主如法行時一切人民隨王脩習如法行者汝等
皆蒙色力勝利宮殿光明眷屬强盛時釋梵
等白佛言如是世尊佛言若有講讀此妙經
典流通之處於其國中大臣輔相有四種益
云何爲四一者更相親穆尊重愛念二者常

爲人王心所愛重亦爲沙門婆羅門大國小
國之所尊敬三者輕財重法不求世利嘉名
普暨衆所欽仰四者壽命延長安隱快樂
是名四益若有國土宣說是經沙門婆羅門
得四種勝利云何爲四一者衣服飲食卧具醫
藥无所乏少二者皆得安心思惟讀誦三者依
於山林得安樂住四者隨心所願皆得滿足是
名四種勝利若有國土宣說是經一切人民皆
得豐樂无諸疾疫商估往還多獲寶貨具
足勝福是名種種功德利益
尒時梵釋四天王及諸大衆白佛言世尊如
是經典甚深之義若現在者當知如來卅七
種助菩提法住世未滅若是經典滅盡之時
正法亦滅佛言如是如是善男子是故汝等
於此金光明經一句一頌一品一部皆當一心

BD00973　金光明最勝王經卷三

於此金光明經一句一頌一品一部皆當一心
正讀誦正聞持正思惟正脩習為諸眾生廣
宣流布長夜安樂福利无邊時諸大眾
聞佛說已咸蒙勝益歡喜受持

金光明最勝王經卷第三

闠胡對 穆莫六 暨其器

李

BD00974

妙法蓮華經卷七

（後秦）鳩摩羅什　譯

478.5cm × 25cm

睞咩音羊鳴七睞
十目多履十一婆
般反十五叉囊十六阿
十九睞履二十陁羅犀廿一阿盧
毗叉臓廿二祢毗剃廿三阿便哆都餓反邏
阿亶哆隸輸地途買反廿五謳究隸廿六牟究隸
隸廿八波羅隸廿九首迦差初几反三十阿三磨三
佛馱毗吉利衰帝卅二達磨波利差精離反
伽涅瞿沙祢卅四婆舍婆舍輸地卅五曇哆
哆邏叉夜多卅七鄯樓哆卅八鄯樓哆慉舍
卅九懸叉邏四十懸叉治多治卌一阿婆盧卌二阿膺羊
荏蔗反耶多夜卌三
世尊是陁羅尼神呪六十二（億）恒河沙等諸佛
所說若有侵毀此法師者則為侵毀是諸佛

已時釋迦牟尼佛讚藥王菩薩言善哉善哉
藥王汝愍念擁護此法師故說是陁羅尼於
諸衆生多所饒益
尒時勇施菩薩白佛言世尊我亦為擁護讀
誦受持法華經者說陁羅尼若此法師得是
陁羅尼若夜叉若羅刹若富單那若吉蔗若
鳩槃荼若餓鬼等伺求其短无能得便即於
佛前而說呪曰
痤（檐螺反）隸一 摩訶痤隸二 郁枳三 目枳四 阿隸
五 阿羅婆第六 涅隸第七 涅隸多婆第八 伊
緻（猪履反）柅九 韋緻柅十 旨緻柅十一 涅隸墀柅十二
涅犁墀婆底十三
世尊是陁羅尼神呪恒河沙等諸佛所說亦
皆隨喜若有侵毀此法師者則為侵毀是諸
佛已

佛巳
尒時毗沙門天王護世者白佛言世尊我亦
為愍念衆生擁護此法師故說是陁羅尼即
說呪曰
阿梨一那梨二㝹那梨三阿那盧四那履五
拘那履六
世尊以是神呪擁護法師我亦自當擁護持
是經者令百由旬内无諸衰患
尒時持國天王在此會中與千萬億那由他
乹闥婆衆恭敬圍繞前詣佛所合掌白佛言
世尊我亦以陁羅尼神呪擁護持法華經者
即說呪曰
阿伽祢一伽祢二瞿利三乹陁利四栴陁利
五摩蹬耆六常求利七浮樓莎柅八頞底九
世尊是陁羅尼神呪四十二億諸佛所說若

有侵毀此法師者即為侵毀是諸佛已
尒時有羅刹女等一名藍婆二名毗藍婆三
名曲齒四名華齒五名黑齒六名多髮七名
无猒足八名持瓔珞九名睪帝十名奪一切
衆生精氣是十羅刹女與鬼子母并其子及
眷屬俱詣佛所同聲白佛言世尊我等亦欲
擁護讀誦受持法華經者除其衰患若有伺
求法師短者令不得便即於佛前而說呪曰
伊提履一伊提泯二伊提履三阿提履四伊
提履五泥履六泥履七泥履八泥履九泥履
十樓醯十一樓醯十二樓醯十三樓醯十四多
醯十五多醯十六兜醯十七㝹醯十八九十
寧上我頭上莫惱於法師若夜叉若羅刹若
餓鬼若富單那若吉蔗若毗陁羅若揵䭾若
烏摩勒伽若阿跋摩羅若夜叉吉蔗若人吉

餓[illegible]
烏摩勒伽若阿跋摩羅若夜叉吉蔗若人吉
蔗若熱病若一日若二日若三日若四日若
至七日若常熱病若男形若女形若童男形
若童女形乃至夢中亦復莫惱即於佛前而
說偈言
若不順我呪　惱亂說法者　頭破作七分　如阿梨樹枝
如殺父母罪　亦如壓油殃　斗秤欺誑人　調達破僧罪
犯此法師者　當獲如是殃
諸羅剎女說此偈已白佛言世尊我等亦當
身自擁護受持讀誦脩行是經者令得安隱
離諸衰患消衆毒藥佛告諸羅剎女善哉善
哉汝等但能擁護受持法華名者福不可量
何況擁護具足受持供養經卷華香瓔珞抹
香塗香燒香幡蓋伎樂燃種種燈蘇燈油燈
諸香油燈蘇摩那華油燈瞻蔔華油燈婆師

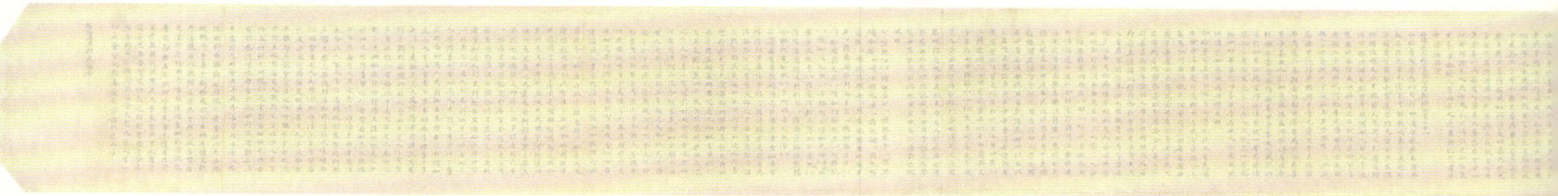

迦華油燈優鉢羅華油燈如是等百千種供
養者羣帝汝等及眷屬應當擁護如是法師
說是陁羅尼品時六萬八千人得无生法忍
妙法蓮華經妙莊嚴王本事品第二十七
尒時佛告諸大衆乃往古世過无量无邊不
可思議阿僧祇劫有佛名雲雷音宿王華智
多陁阿伽度阿羅訶三藐三佛陁國名光明
莊嚴劫名憙見彼佛法中有王名妙莊嚴其
王夫人名曰淨德有二子一名淨藏二名淨
眼是二子有大神力福德智慧久脩菩薩所
行之道所謂檀波羅蜜尸羅波羅蜜羼提波
羅蜜毗梨耶波羅蜜禪波羅蜜般若波羅蜜
方便波羅蜜慈悲喜捨乃至三十七品助道
法皆悉明了通達又得菩薩淨三昧日星宿
三昧淨光三昧淨色三昧淨照明三昧長莊

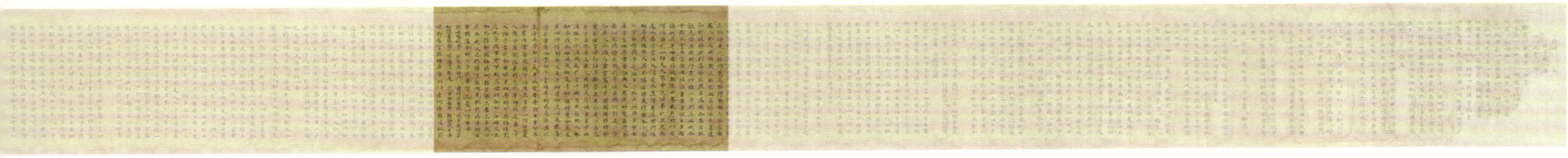

法皆悉明了通達又得菩薩淨三昧日星宿
三昧淨光三昧淨色三昧淨照明三昧長莊
嚴三昧大威德藏三昧於此三昧亦悉通達
尒時彼佛欲引導妙莊嚴王及愍念衆生故
說是法華經時淨藏淨眼二子到其母所合
十指爪掌白言願母往詣雲雷音宿王華智
佛所我等亦當侍從親近供養礼拜所以者
何此佛於一切天人衆中說法華經宜應聽
受母告子言汝父信受外道深著婆羅門法
汝等應往白父與共俱去淨藏淨眼合十指
爪掌白母我等是法王子而生此耶見家母
告子言汝等當憂念汝父爲現神變若得見
者心必清淨或聽我等往至佛所於是二子
念其父故踊在虛空高七多羅樹現種種神
變於虛空中行住坐卧身上出水身下出火
身下出水身上出火或現大身滿虛空中而

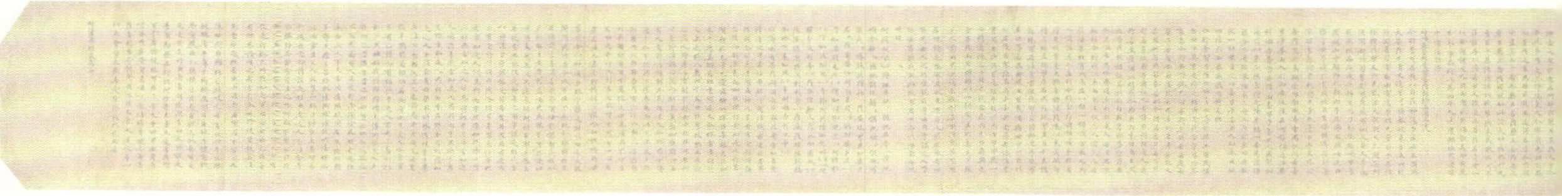

復現小小復現大於空中滅忽然在地入地
如水履水如地現如是等種種神變令其父
王心淨信解時父見子神力如是心大歡喜
得未曾有合掌向子言汝等師為是誰誰之
弟子二子白言大王彼雲雷音宿王華智佛
今在七寶菩提樹下法座上坐於一切世間天
人衆中廣說法華經是我等師我是弟子
父語子言我今亦欲見汝等師可共俱往於
是二子從空中下到其母所合掌白母父王
今已信解堪任發阿耨多羅三藐三菩提心
我等為父已作佛事願母見聽於彼佛所出
家脩道尒時二子欲重宣其意以偈白母
願母放我等　出家作沙門　諸佛甚難值　我等隨佛學
如優曇鉢羅　值佛復難是　脫諸難亦難　願聽我出家
母即告言聽汝出家所以者何佛難值故於

母即告言聽汝出家所以者何佛難值故於
是二子白父母言善哉父母願時往詣雲雷
音宿王華智佛所親近供養所以者何佛難
得值如優曇鉢羅華又如一眼之龜值浮木
孔而我等宿福深厚生值佛法是故父母當
聽我等令得出家所以者何諸佛難值時亦
難遇彼時妙莊嚴王後宮八萬四千人皆悉
堪任受持是法華經淨眼菩薩於法華三昧
久已通達淨藏菩薩已於无量百千萬億劫
通達離諸惡趣三昧欲令一切衆生離諸惡
趣故其王夫人得諸佛集三昧能知諸佛秘
密之藏二子如是以方便力善化其父令心
信解好樂佛法於是妙莊嚴王與羣臣眷屬
俱淨德夫人與後宮婇女眷屬俱其王二子
與四萬二千人俱一時共詣佛所到已頭面

礼足繞佛三匝却住一面
尒時彼佛為王說法示教利喜王大歡悅尒
時妙莊嚴王及其夫人解頸真珠瓔珞價直
百千以散佛上於虛空中化成四柱寶臺臺
中有大寶牀敷百千萬天衣其上有佛結加
趺坐放大光明尒時妙莊嚴王作是念佛身
希有端嚴殊特成就第一微妙之色時雲雷
音宿王華智佛告四衆言汝等見是妙莊嚴
王於我前合掌立不此王於我法中作比丘
精懃脩習助佛道法當得作佛号娑羅樹王
國名大光劫名大高王其娑羅樹王佛有无
量菩薩衆及无量聲聞其國平正功德如是
其王即時以國付弟與夫人二子并諸眷屬
於佛法中出家脩道王出家已於八萬四千
歲常懃精進脩行妙法華經過是已後得一

BD00974　妙法蓮華經卷七

歲常懃精進脩行妙法華經過是已後得一
切淨功德莊嚴三昧即昇虛空高七多羅樹
而白佛言世尊此我二子已作佛事以神通
變化轉我邪心令得安住於佛法中得見世
尊此二子者是我善知識為欲發起宿世善
根饒益我故來生我家
尒時雲雷音宿王華智佛告妙莊嚴王言如
是如是如汝所言若善男子善女人種善根
故世世得善知識其善知識能作佛事示教
利喜令入阿耨多羅三藐三菩提大王當知
善知識者是大因緣所謂化導令得見佛發
阿耨多羅三藐三菩提心大王汝見此二子
不此二子已曾供養六十五百千萬億那由
他恒河沙諸佛親近恭敬於諸佛所受持法
華經愍念邪見衆生令住正見妙莊嚴王即

從虛空中下而白佛言世尊如來甚希有以
功德智慧故頂上肉髻光明顯照其眼長廣
而紺青色眉間豪相白如珂月齒白齊密常
有光明脣色赤好如頻婆菓尒時妙莊嚴王
讃嘆佛如是等无量百千萬億功德已於如
來前一心合掌復白佛言世尊未曾有也如
來之法具足成就不可思議微妙功德教戒
所行安隱快善我從今日不復自隨心行不
生耶見憍慢瞋恚諸惡之心說是語已礼佛
而出
佛告大衆於意云何妙莊嚴王豈異人乎今
華德菩薩是其淨德夫人今佛前光照莊嚴
相菩薩是哀愍妙莊嚴王及諸眷屬故於彼
中生其二子者今藥王菩薩藥上菩薩是是
藥王藥上菩薩成就如此諸大功德已於无

藥王藥上菩薩成就如此諸大功德已於无
量百千萬億諸佛所殖衆德本成就不可思
議諸善功德若有人識是二菩薩名字者一
切世間諸天人民亦應礼拜佛說是妙莊嚴
王本事品時八萬四千人遠塵離垢於諸法
中得法眼淨

妙法蓮華經普賢菩薩勸發品第二十八

尒時普賢菩薩以自在神通力威德名聞與
大菩薩无量无邊不可稱數從東方來所經
諸國普皆震動雨寶蓮華作无量百千萬億
種種伎樂又與无數諸天龍夜叉乹闥婆阿
脩羅迦樓羅緊那羅摩睺羅伽人非人等大
衆圍繞各現威德神通之力到娑婆世界耆
闍崛山中頭面礼釋迦牟尼佛右繞七匝白
佛言世尊我於寶威德上王佛國遥聞此娑

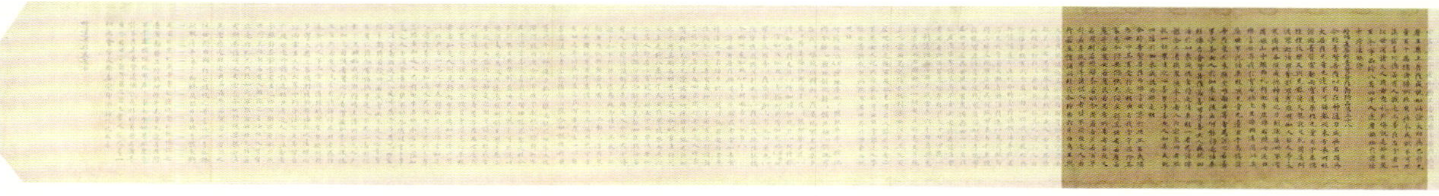

婆世界說法華經與无量无邊百千萬億諸
菩薩衆共来聽受唯願世尊當為說之若善
男子善女人於如来滅後云何能得是法華
經佛告普賢菩薩若善男子善女人成就四
法於如来滅後當得是法華經一者為諸佛
護念二者殖衆德本三者入正定聚四者發
救一切衆生之心善男子善女人如是成就
四法於如来滅後必得是經
尒時普賢菩薩白佛言世尊於後五百歲濁
悪世中其有受持是經典者我當守護除其
衰患令得安隱使无伺求得其便者若魔若
魔子若魔女若魔民若為魔所著者若夜叉
若羅刹若鳩槃茶若毗舍闍若吉蔗若富單
那若韋陀羅等諸惱人者皆不得便是人若
行若立讀誦此經我尒時乘六牙白象王與

行若立讀誦此經我尒時乘六牙白象王與
大菩薩衆俱詣其所而自現身供養守護安
慰其心亦為供養法華經故是人若坐思惟
此經尒時我復乘白象王現其人前其人若
於法華經有所忘失一句一偈我當教之與
共讀誦還令通利尒時受持讀誦法華經者
得見我身甚大歡喜轉復精進以見我故即
得三昧及陁羅尼名為旋陁羅尼百千萬億
旋陁羅尼法音方便陁羅尼得如是等陁羅
尼世尊若後世後五百歲濁惡世中比丘比
丘尼優婆塞優婆夷求索者受持者讀誦者
書寫者欲脩習是法華經於三七日中應一
心精進滿三七日已我當乘六牙白象與无
量菩薩而自圍繞以一切衆生所憙見身現
其人前而為說法示教利喜亦復與其陁羅

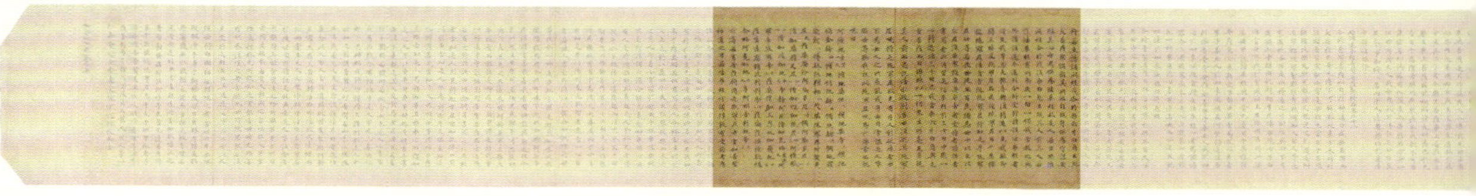

尼呪得是陁羅尼故无有非人能破壞者亦
不為女人之所惑亂我身亦自常護是人唯
願世尊聽我說此陁羅尼呪即於佛前而說
呪曰
阿檀地一途賣反 檀陁婆地二 檀陁婆帝三 檀陁
鳩舍隸四 檀陁脩陁隸五 脩陁隸六 脩陁羅
婆底七 佛馱波羶祢八 薩婆陁羅尼阿婆多
尼九 薩婆婆沙阿婆多尼十 脩阿婆多尼十一
僧伽婆履叉尼十二 僧伽涅伽陁尼十三 阿僧祇
十四 僧伽波伽地十五 帝隸阿惰僧伽兜略盧遮反 阿
羅帝波羅帝十六 薩婆僧伽三摩地伽蘭地十七
薩婆達磨脩波利剎帝十八 薩婆薩埵樓馱憍
舍略阿㝹伽地十九 辛阿毗吉利地帝二十
世尊若有菩薩得聞是陁羅尼者當知普賢
神通之力若法華經行閻浮提有受持者應

神通之力若法華經行閻浮提有受持者應
作此念皆是普賢威神之力若有受持讀誦
正憶念解其義趣如說脩行當知是人行普
賢行於无量无邊諸佛所深種善根為諸如
来手摩其頭若但書寫是人命終當生忉利
天上是時八萬四千天女作衆伎樂而来迎
之其人即著七寶冠於婇女中娛樂快樂何
況受持讀誦正憶念解其義趣如說脩行若
有人受持讀誦解其義趣是人命終為千佛
授手令不恐怖不墮惡趣即往兜率天上彌
勒菩薩所彌勒菩薩有三十二相大菩薩衆
所共圍繞有百千萬億天女眷屬而於中生
有如是等功德利益是故智者應當一心自
書若使人書受持讀誦正憶念如說脩行世
尊我今以神通力故守護是經於如来滅後

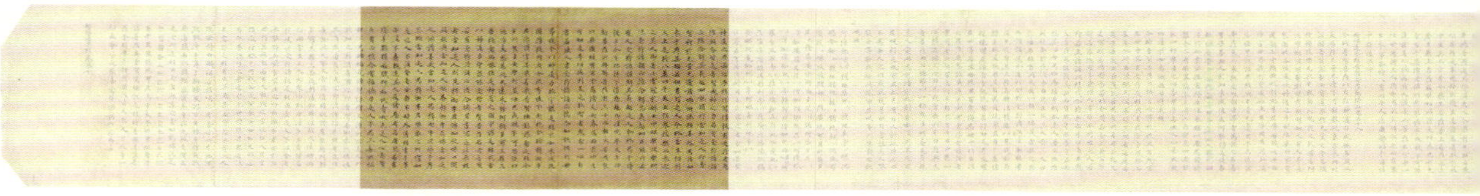

閻浮提内廣令流布使不斷絶尒時釋迦牟
尼佛讃言善哉善哉普賢汝能護助是經令
多所衆生安樂利益汝已成就不可思議功
德深大慈悲從久遠来發阿耨多羅三藐三
菩提意而能作是神通之願守護是經我當
以神通力守護能受持普賢菩薩名者普賢
若有受持讀誦正憶念脩習書寫是法華經
者當知是人則見釋迦牟尼佛如從佛口聞
此經典當知是人供養釋迦牟尼佛當知是
人佛讃善哉當知是人為釋迦牟尼佛手摩
其頭當知是人為釋迦牟尼佛衣之所覆如
是之人不復貪著世樂不好外道經書手筆
亦復不憙親近其人及諸惡者若屠兒若畜
猪羊鷄狗若獵師若衒賣女色是人心意質
直有正憶念有福德力是人不為三毒所惱
亦不為嫉妬我慢邪慢增上慢所

BD00974　妙法蓮華經卷七

直有正憶念有福德力是人不為三毒所惱
亦不為嫉妒我慢邪慢增上慢所惱是人少
欲知足能脩普賢之行普賢若如來滅後後
五百歲若有人見受持讀誦法華經者應作
是念此人不久當詣道場破諸魔衆得阿耨
多羅三藐三菩提轉法輪擊法鼓吹法螺雨
法雨當坐天人大衆中師子法座上普賢若
於後世受持讀誦是經典者是人不復貪著
衣服卧具飲食資生之物所願不虛亦於現
世得其福報若有人輕毀之言汝狂人耳空
作是行終无所獲如是罪報當世世无眼若
有供養讚歎之者當於今世得現果報若復
見受持是經者出其過惡若實若不實此人
現世得白癩病若輕咲之者當世世牙齒踈
缺醜脣平鼻手脚繚戾眼目角睞身體臭穢

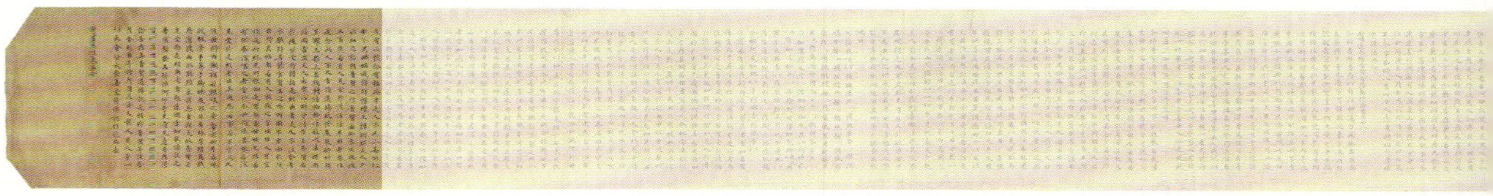

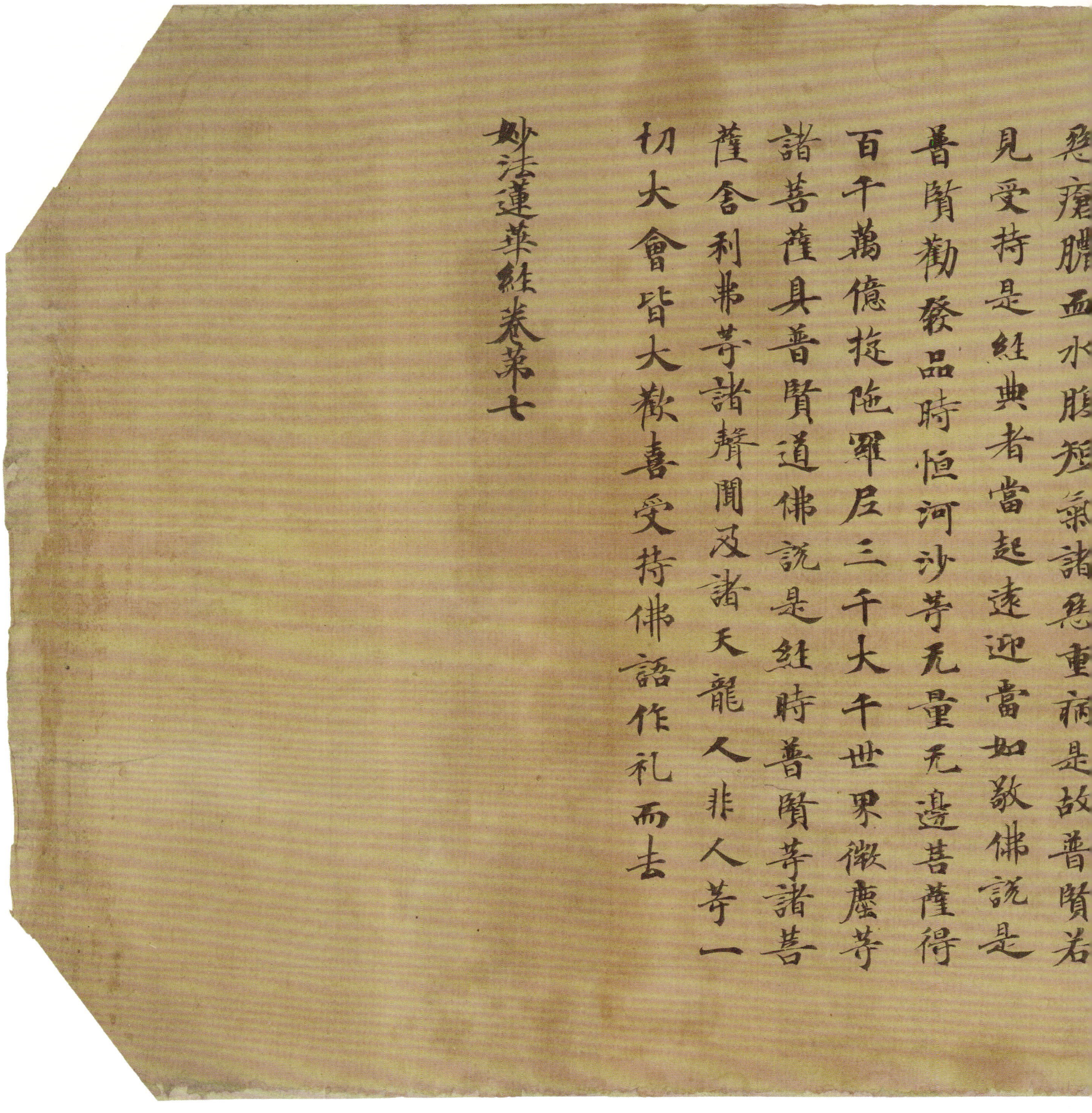

惡瘡膿血水腹短氣諸惡重病是故普賢若
見受持是經典者當起遠迎當如敬佛說是
普賢勸發品時恒河沙等无量无邊菩薩得
百千萬億旋陁羅尼三千大千世界微塵等
諸菩薩具普賢道佛說是經時普賢等諸菩
薩舍利弗等諸聲聞及諸天龍人非人等一
切大會皆大歡喜受持佛語作礼而去

妙法蓮華經卷第七

BD00974　妙法蓮華經卷七

BD00975 無量壽宗要經（甲本）

178cm×31cm

大乘无量壽經

如是我聞一時薄伽梵在舍衛國祇樹給孤與大苾芻僧千二百五十人大菩薩摩訶薩衆
俱同會坐尒時世尊告曼殊室利童子曼殊上方有世界名无量功德聚彼土有佛号无量
壽智決定王如來阿耨多羅三藐三菩提現爲衆生開示說法曼殊諦聽南閻浮提人皆短壽大
限百年於中夭枉横死者衆曼殊如是无量壽如來功德名稱法要若有衆生得聞名号若有
書使人書能爲經卷受持讀誦若於舍宅所住之處以種種花鬘瓔珞塗香末香而爲供養
如其命盡復得延年滿足百歲如是曼殊若有衆生得聞是无量壽智決定王如來一百八名
号者益其長壽若有衆生大命將盡憶念是如來名号更得增壽如是曼殊若有善男子
善女人欲求長壽於是无量壽如來一百八名号有得聞者或自書使人書受持讀誦得如
是等果報福德具足陁羅尼曰
南謨薄伽勃底一阿波唎蜜多二阿喻紇硯娜三須毗你尸指多
羅佐耶五怛他揭他耶六怛姪他唵七薩婆桑塞迦囉八波唎輸底九達磨底十伽迦娜十一莎呵其持伽底十二薩婆婆毗
輸底十三摩訶娜耶十四波唎婆嚩莎訶十五
世尊復告曼殊室利如是如來一百八名号若有自
書或使人書爲經卷受持讀誦(如)壽盡復滿百年壽終此身後得往生无量福智世界无量

書或使人書為經卷受持讀誦壽盡復滿百年壽終此身後得往生无量福智世界无量
壽淨土陁羅尼曰　南謨薄伽勃底一阿波唎蜜多二阿喻紇硯娜三　須毗儞尸指多四　囉佐耶五怛他羯他
耶六怛姪他唵七薩婆桒悉迦囉八波唎輸底九達磨底十伽伽娜十一莎訶其持伽底十二　薩婆婆毗輸底十三摩訶
娜耶十四　波唎婆嚩莎訶十五　尒時復有九十九姟佛等一時同聲說是无量壽宗要經陁羅尼曰
南謨薄伽勃底一阿波唎蜜多二阿喻紇硯娜三須毗儞尸指多四囉佐耶五怛他羯他耶六怛姪他唵七薩婆桒悉迦囉
八波唎輸底九達磨底十伽伽娜十一莎訶其持伽底十二薩婆婆毗輸底十三摩訶娜耶十四波唎婆嚩莎訶十五
尒時復一百四姟佛等一時同聲說是无量壽宗要經陁羅尼曰
南謨薄伽勃底一阿波唎蜜多二阿喻紇硯娜三須毗儞尸指多四囉佐耶五怛他羯他耶六怛姪他唵七薩婆桒悉迦囉八
波唎輸底九達磨底十伽伽娜十一莎訶其持伽底十二薩婆婆毗輸底十三摩訶娜耶十四波唎婆嚩莎訶十五
尒時復有七姟佛等一時同聲說是无量壽宗要經陁羅尼曰
南謨薄伽勃底一阿波唎蜜多二阿喻紇硯娜三須毗儞尸指多四囉佐耶五怛他羯他耶六怛姪他唵七薩婆桒悉迦
囉八波唎輸底九達磨底十伽伽娜十一莎訶其持伽底十二薩婆婆毗輸底十三摩訶娜耶十四波唎婆嚩莎訶十五
尒時復有六十五姟佛一時同聲說是无量壽宗要經陁羅尼曰
南謨薄伽勃底一阿波唎蜜多二阿喻紇硯娜三須毗儞尸指多四囉佐耶五怛他羯他耶六怛姪他唵七薩婆桒悉迦囉八
波唎輸底九達磨底十伽伽娜十一莎訶其持伽底十二薩婆婆毗輸底十三摩訶娜耶十四波唎婆嚩莎訶十五

波唎輸底 達磨底 伽伽娜 莎呵其持迦底 薩婆婆毗輸底 摩訶娜耶 波唎婆嚟莎呵十五

尒時復有五十五姟佛一時同聲說是无量壽宗要經陁羅尼曰

南謨薄伽勃底一阿波唎蜜多二阿喻紇硯娜三須毗你尸指多四囉佐耶五怛他羯他耶六怛姪他唵七薩婆桑悉迦囉八波唎輸底九達磨底十伽伽娜十一莎呵其持迦底十二薩婆婆毗輸底十三摩訶娜耶十四波唎婆嚟莎呵十五

尒時復有四十五姟佛一時同聲說是无量壽宗要經陁羅尼曰

南謨薄伽勃底一阿波唎蜜多二阿喻紇硯娜三須毗你尸指多四囉佐耶五怛他羯他耶六怛姪他唵七薩婆桑悉迦囉八波唎輸底九達磨底十伽伽娜十一莎呵其持迦底十二薩婆婆毗輸底十三摩訶娜耶十四波唎婆嚟莎呵十五

尒時復有三十六姟佛一時同聲說是无量壽宗要經陁羅尼曰

南謨薄伽勃底阿波唎蜜多二阿喻紇硯娜三須毗你尸指多四囉佐耶五怛他羯他耶六怛姪他唵七薩婆桑悉迦囉八波唎輸底九達磨底十伽伽娜十一莎呵其持迦底十二薩婆婆毗輸底十三摩訶娜耶十四波唎婆嚟莎呵十五

尒時復有二十五姟佛一時同聲說是无量壽宗要經陁羅尼曰

南謨薄伽勃底一阿波唎蜜多二阿喻紇硯娜三須毗你尸指多四囉佐耶五怛他羯他耶六怛姪他唵七薩婆桑悉迦囉八波唎輸底九達磨底十伽伽娜十一莎呵其持迦底十二薩婆婆毗輸底十三摩訶娜耶十四波唎婆嚟莎呵十五

尒時復有恒河沙姟佛一時同聲說是无量壽宗要經陁羅尼曰

南謨薄伽勃底一阿波唎蜜多二阿喻紇硯娜三須毗你尸指多四囉佐耶五怛他羯他耶六怛姪他唵七薩婆桑悉迦囉八

南謨薄伽勃底一阿波唎蜜多二阿喻紇硯娜三須毗你尸指多四囉佐耶五怛他羯他耶六怛姪他唵七薩婆桑悉迦囉八
波唎輸底九達磨底十伽迦娜十一莎訶某持迦底十二薩婆婆毗輸底十三摩訶娜耶十四波唎婆嚟莎訶十五
善男子若有自書寫教人書寫是无量壽宗要經如其命盡復得長壽所滿年陀羅尼曰
南謨薄伽勃底一阿波唎蜜多二阿喻紇硯娜三須毗你尸指多四囉佐耶五怛他羯他耶六怛姪他唵七薩婆桑悉
迦囉八波唎輸底九達磨底十伽迦娜十一莎訶某持迦底十二薩婆婆毗輸底十三摩訶娜耶十四波唎婆嚟莎訶十五
若有自書寫教人書寫是无量壽宗要經讀誦受持畢竟不墮地獄在在所生得宿命智陀羅尼曰
南謨薄伽勃底一阿波唎蜜多二阿喻紇硯娜三須毗你尸指多四囉佐耶五怛他羯他耶六怛姪他唵七薩婆桑悉迦囉八
波唎輸底九達磨底十伽迦娜十一莎訶某持迦底十二薩婆婆毗輸底十三摩訶娜耶十四波唎婆嚟莎訶十五
若有自書寫教人書寫是无量壽宗要經受持讀誦如同書寫八万四千一切經典陀羅尼曰
南謨薄伽勃底一阿波唎蜜多二阿喻紇硯娜三須毗你尸指多四囉佐耶五怛他羯他耶六怛姪他唵七薩婆桑悉迦囉八
波唎輸底九達磨底十伽迦娜十一莎訶某持迦底十二薩婆婆毗輸底十三摩訶娜耶十四波唎婆嚟莎訶十五
若有自書寫教人書寫是无量壽宗要經受持讀誦即是書寫八万四千部建立塔廟陀羅尼曰
南謨薄伽勃底一阿波唎蜜多二阿喻紇硯娜三須毗你尸指多四囉佐耶五怛他羯他耶六怛姪他唵七薩婆桑悉迦囉八
波唎輸底九達磨底十伽迦娜十一莎訶某持迦底十二薩婆婆毗輸底十三摩訶娜耶十四波唎婆嚟莎訶十五
若有自書寫教人書寫是无量壽宗要經能消五无間等一切重罪陀羅尼曰

若有自書寫是无量壽宗要經能消五无間等一切重罪陀羅尼曰

南謨薄伽勃底阿波唎蜜多阿喻紇硯娜三 須毗你尸楷多四 囉佐耶五 怛他羯他耶六 怛姪他唵七 薩婆桑悉迦囉八 波唎輸底九 達磨底十 伽迦娜十一 莎訶其持迦底十二 薩婆婆毗輸底十三 摩訶娜耶十四 波唎婆嚟莎訶十五

若有自書寫教人書寫是无量壽宗要經受持讀誦設有重罪猶如須弥盡能除滅陀羅尼曰

南謨薄伽勃底阿波唎蜜多阿喻紇硯娜三 須毗你尸楷多四 囉佐耶五 怛他羯他耶六 怛姪他唵七 薩婆桑悉迦囉八 波唎輸底九 達磨底十 伽迦娜十一 莎訶其持迦底十二 薩婆婆毗輸底十三 摩訶娜耶十四 波唎婆嚟莎訶十五

若有自書寫教人書寫是无量壽宗要經受持讀誦若魔魔之眷屬夜叉羅剎不得其便終无枉死陀羅尼曰

南謨薄伽勃底阿波唎蜜多阿喻紇硯娜三 須毗你尸楷多四 囉佐耶五 怛他羯他耶六 怛姪他唵七 薩婆桑悉迦囉八 波唎輸底九 達磨底十 伽迦娜十一 莎訶其持迦底十二 薩婆婆毗輸底十三 摩訶娜耶 波唎婆嚟莎訶十五

若有自書寫教人書寫是无量壽宗要經受持讀誦當命終時有九十九姟佛現其人前來千佛授手能遊一切佛剎莫於此經生疑惑陀羅尼曰

南謨薄伽勃底阿波唎蜜多阿喻紇硯娜三 須毗你尸楷多四 囉佐耶五 怛他羯他耶六 怛姪他唵七 薩婆桑悉迦囉八 波唎輸底九 達磨底十 伽迦娜十一 莎訶其持迦底十二 摩訶娜耶十四 波唎婆嚟莎訶十五

若有自書寫教人書寫是无量壽宗要經受持讀誦常得四天大王隨其衛護陀羅尼曰

若有自書寫教人書寫是无量壽宗要經受持讀誦常得四天大王隨其衛護陁羅尼曰

南謨薄伽勃底一阿波唎蜜多二阿喻紇硯娜三須毗你尸栺多四囉佐耶五怛他羯他耶六怛姪他唵七薩婆桒悉迦囉八

波唎輸底九達磨底十伽迦娜十一莎訶其持迦底十二薩婆婆毗輸底十三摩訶娜耶十四波唎婆囇莎訶十五

若有自書寫教人書寫是无量壽宗要經受持讀誦當得往生西方極樂世界阿弥陁淨土陁羅尼曰

南謨薄伽勃底一阿波唎蜜多二阿喻紇硯娜三須毗你尸栺多四囉佐耶五怛他羯他耶六怛姪他唵七薩婆桒悉迦囉八

波唎輸底九達磨底十伽迦娜十一莎訶其持迦底十二薩婆婆毗輸底十三摩訶娜耶十四潹婆囇莎訶十五

若有方所自書寫使人書寫是无量壽經典之所處為是塔皆應恭敬作礼若是畜生或

為獸得聞是經如是等類皆當不久得成一切種智陁羅尼曰

南謨薄伽勃底一阿波唎蜜多二阿喻紇硯娜三須毗你尸栺多四囉佐耶五怛他羯他耶六怛姪他唵七薩婆桒悉迦

囉八波唎輸底九達磨底十伽迦娜十一莎訶其持迦底十二薩婆婆毗輸底十三摩訶娜耶十四波唎婆囇莎訶十五

若有於是无量壽經自書寫使人書畢竟不受女人之身陁羅尼曰

南謨薄伽勃底一阿波唎蜜多二阿喻紇硯娜三須毗你尸栺多四囉佐耶五怛他羯他耶六怛姪他唵七薩婆桒悉迦

囉八波唎輸底九達磨底十伽迦娜十一莎訶其持迦底十二薩婆婆毗輸底十三摩訶娜耶十四波唎婆囇莎訶十五

若有能於是經少分能惠施者等於三千大千世界滿中七寶布施陁羅尼曰

南謨薄伽勃底一阿波唎蜜多二阿喻紇硯娜三須毗你尸栺多四囉佐耶五怛他羯他耶六怛姪他唵七薩婆桒悉迦

南謨薄伽勃底一阿波唎蜜多二阿喻紇硯那三須毗你失指多四囉佐耶五怛他羯他耶六怛姪他唵七薩婆桑塞迦

囉八波唎輸底九達磨底十伽迦娜十一莎呵其持迦底十二薩婆婆毗輸底十三摩訶娜耶十四波唎婆嚟莎呵十五

若有能供養是經者則是供養一切諸經等无有異陀羅尼曰

南謨薄伽勃底一阿波唎蜜多二阿喻紇硯那三須毗你失指多四囉佐耶五怛他羯他耶六怛姪他唵七薩婆桑塞迦囉八

波唎輸底九達磨底十伽迦娜十一莎呵其持迦底十二薩婆婆毗輸底十三摩訶娜耶十四波唎婆嚟莎呵十五

如是毗婆尸佛 尸弃佛 毗舍浮佛 俱留孫佛 俱那含牟尼佛 迦葉佛 釋迦牟尼佛

若有人以七寶供養如是七佛其福有限書寫受持是无量壽經典所有功德不可數量陀羅

尼曰 南謨薄伽勃底一阿波唎蜜多二阿喻紇硯那三須毗你失指多四囉佐耶五怛他羯他耶六怛姪他唵七薩婆桑塞

迦囉八波唎輸底九達磨底十伽迦娜十一莎呵其持迦底十二薩婆婆毗輸底十三摩訶娜耶十四波唎婆嚟莎呵十五

若有七寶等於須弥以用布施其福有能知其限量是无量壽經典其福不可數量陀羅尼曰

南謨薄伽勃底一阿波唎蜜多二阿喻紇硯那三須毗你失指多四囉佐耶五怛他羯他耶六怛姪他唵七薩婆桑塞迦囉八

波唎輸底九達磨底十伽迦娜十一莎呵其持迦底十二薩婆婆毗輸底十三摩訶娜耶十四波唎婆嚟莎呵十五

如是四大海水可知滴數是无量壽經典所生果報不可數量陀羅尼曰

南謨薄伽勃底一阿波唎蜜多二阿喻紇硯那三須毗你失指多四囉佐耶五怛他羯他耶六怛姪他唵七薩婆桑塞迦囉八波唎輸

底九達磨底十伽迦娜十一莎呵其持迦底十二薩婆婆毗輸底十三摩訶娜耶十四波唎婆嚟莎呵十五

底九 達磨底十 伽伽娜十一 莎呵其持迦底十二 薩婆婆毗輸底十三 摩訶娜耶十四 波唎婆嚩莎呵十五
若有自書使人書寫是无量壽經典又能護持供養即如恭敬供養一切十方佛土如來无有別異
陁羅尼曰　南謨薄伽勃底一 阿波唎蜜多二 阿喻紇硯娜三 須毗你悉指多四 囉佐耶五 怛他羯他耶六 怛姪他唵七 薩婆桑
悉迦囉八 波唎輸底九 達磨底十 伽伽娜十一 莎呵其持迦底十二 薩婆婆毗輸底十三 摩訶娜耶十四 波唎婆嚩莎呵十五
布施力能成正覺　悟布施力人師子　布施力能聲普聞　慈悲階漸最能入
持戒力能成正覺　悟持戒力人師子　持戒能力聲普聞　慈悲階漸最能入
忍辱力能成正覺　悟忍辱力人師子　忍辱力能聲普聞　慈悲階漸最能入
精進力能成正覺　悟精進力人師子　精進力能聲普聞　慈悲階漸最能入
禪定力能成正覺　悟禪定力人師子　禪定力能聲普聞　慈悲階漸最能入
智慧力能成正覺　悟智慧力人師子　智慧力能聲普聞　慈悲階漸最能入
尒時如來說是經已一切世間天人阿脩羅揵闥婆等聞佛所說皆大歡喜信受奉行
佛說无量壽宗要經

圖書在版編目（CIP）數據

中國國家圖書館藏敦煌文獻．第六五册 / 中國國家圖書館編．—北京：國家圖書館出版社，2024.12

ISBN 978-7-5013-7987-3

Ⅰ．①中…　Ⅱ．①中…　Ⅲ．①敦煌學－文獻　Ⅳ．①K870.6

中國國家版本館CIP數據核字（2024）第036534號

書　　名　中國國家圖書館藏敦煌文獻・第六五册
著　　者　中國國家圖書館　編
項目統籌　魏　崇　殷夢霞
責任編輯　程魯潔　潘　竹　黄　鑫　苗文葉
責任校對　王　哲

出版發行　國家圖書館出版社（北京市西城區文津街7號　100034）
（原書目文獻出版社　北京圖書館出版社）
010-66114536　63802249　nlcpress@nlc.cn（郵購）
網　　址　http://www.nlcpress.com
排版印裝　天津裕同印刷有限公司
版次印次　2024年12月第1版　2024年12月第1次印刷

開　　本　787×1092　1/8
印　　張　36
書　　號　ISBN 978-7-5013-7987-3
定　　價　2800.00圓